KINDLERS LITERARISCHE PORTRAITS

Werner Schneyder
ERICH KÄSTNER

99: A. Schnitzler: »Der Reigen«
00: H. Mann: »Im Schlaraffenland«
02: Ric. Huch: »Vita somnium breve«
03: R. M. Rilke: »Worpswede«
04: F. Wedekind: »Die Büchse der Pandora«
05: H. Mann: »Professor Unrat«; Chr. Morgenstern: »Galgenlieder«
06: A. Schnitzler: »Zwischenspiel«
07: St. George: »Der siebente Ring«
08: A. Kubin: »Die andere Seite«
09: J. Wassermann: »Caspar Hauser«
10: R. M. Rilke: »Aufzeichnungen des Malte Laurids Brigge«
11: G. Hauptmann: »Die Ratten«; C. Sternheim: »Die Hose«
12: A. Ehrenstein: »Selbstmord eines Katers«; K. Tucholsky: »Rheinsberg«
13: Th. Mann: »Der Tod in Venedig«
14: G. Kaiser: »Die Bürger von Calais«; Th. Mann: »Tonio Kröger«
15: B. Frank: »Die Fürstin«; Klabund: »Moreau«; G. Trakl: »Aufbruch«
16: F. Kafka: »Die Verwandlung«
17: R. Dehmel: »Menschenfreunde«;
18: L. Frank: »Der Mensch ist gut«; H. Mann: »Der Untertan«
19: H. Hesse: »Demian«; K. Kraus: »Die letzten Tage der Menschheit«
20: E. Jünger: »In Stahlgewittern«
21: H. Hofmannsthal: »Der Schwierige«
22: B. Brecht: »Trommeln in der Nacht«; H. Hesse: »Siddhartha«; H. Hofmannsthal: »Das Salzburger große Welttheater«;
23: R.M. Rilke: »Sonette an Orpheus«
24: A. Döblin: »Berge, Meere und Giganten«; Th. Mann: »Der Zauberberg«
25: L. Feuchtwanger: »Jud Süß«; F. Kafka: »Der Prozeß«
26: A. Neumann: »Der Teufel«
27: C. Zuckmayer: »Schinderhannes«
28: G. Benn: »Gesammelte Prosa«
29: V. Baum: »Menschen im Hotel«; A. Döblin: »Berlin Alexanderplatz«
30: R. Musil: »Der Mann ohne Eigenschaften«
31: H. Kesten: »Glückliche Menschen«
32: B. Brecht: »Heilige Johanna der Schlachthöfe«; H. Fallada: »Kleiner Mann – was nun?«
33: E. v. Salomon: »Die Kadetten«
34: E. Strauß: »Das Riesenspielzeug«

1899: Englands Burenkrieg in Südafrika (bis 1902). **1900:** Niederwerfung d. »Boxer«-Aufstandes in China. S. Freud: »Die Traumdeutung«. **02:** V. I. Lenin: »Was tun«. **03:** USA erhalten von Panama Kanalzone. **05:** Revolution in Rußland. **07:** Lenin flieht ins Ausland. **08:** Erste zionistische Siedlung in Palästina. **10:** William James gest. Japan annektiert Korea. **11:** W. Churchill Erster Lord der Admiralität. **13:** Woodrow Wilson Präsident der USA (bis 1921). **14:** Beginn d. Ersten Weltkriegs. Schlacht a. d. Marne. Ypern-Schlacht. Schlacht bei Tannenberg. **15:** Winterschlacht in Masuren. Beginn der Isonzo-Schlachten. **16:** Kämpfe um Verdun. Somme-Schlacht. Hindenburg Generalstabschef. **17:** Kriegseintritt der USA. Balfour-Deklaration für Juden in Palästina. Russische Revolution in Petrograd. Rückkehr Lenins. **18:** Wilsons Friedensprogramm der »14 Punkte«. Trotzki leitet d. dt.-russ. Friedensverhandlungen in Brest-Litowsk. November-Revolution i. Deutschl. Abdankung Kaiser Wilhelms II. **19:** Versailler Friedensvertrag. Deutsche Arbeiterpartei gegr. (später NSDAP). Rosa Luxemburg und K. Liebknecht ermordet. **20:** Hitler verk. 25-Punkte-Programm i. Münchner Hofbräuhaus. **22:** Rapallo-Vertrag. »Marsch auf Rom« – faschist. Machtübernahme. **24:** »Mein Kampf«. Tod Lenins. **25:** Konferenz von Locarno. **26:** Deutschl. in den Völkerbund aufgenommen. **27:** Faschist. Arbeitsrecht in Italien (»Carta del lavoro«). **28:** Erster Fünfjahresplan d. UdSSR. Kellog-(Kriegsächtungs-)Pakt. Tschiang Kai-schek einigt China unter Kuomintang-Partei. **29:** Liquidierung der Kulakentums i. d. UdSSR. »Schwarzer Freitag« (24. . 10.) löst Weltwirtschaftskrise aus. Trotzki aus der UdSSR ausgewiesen. **31:** Bank von England gibt Goldparität auf. **32:** Ermäßigung der Reparationen (Young-Plan). Auflös. d. dt. Reichstages. **33:** Roosevelt Präs. d. USA. Deutschl. tritt aus dem Völkerbund aus. Hitler Reichskanzler. Auflös. d. Gewerkschaften. Anti-jüdische Ausschreitungen. **34:** Beginn d. »Langen Marsches« d. chines. Kommunisten. Deutsch-poln. Nichtangriffspakt. Liquidierung Röhms. **35:** Italien fällt in Abessinien ein. **36:** Bürgerkrieg in Spanien. Achse Berlin–Rom. Stachanov-Bewegung. **37:** Japanisch-chines. Krieg. Höhepunkt der stalinist. Säuberungen (Tuchačevskij). Judenpogrome i. d. »Reichskristallnacht«. Einmarsch in Österr. Hitlers Sportpalastrede. Münchner Abkommen. Hinrichtung von Bucharin, Rykov, Jagoda u. a. in Moskau. **39:** Sieg der Faschisten im span. Bürgerkrieg. Franco-Regime (bis 1976). Hitler beginnt d. Zweiten Weltkrieg mit Einmarsch in Polen. Frankreich u. Großbrit. erklären Deutschl. den Krieg. **40:** Dt. Frankreichfeldzug. Besetzung Dänemarks und Norwegens. Italien tritt in den Krieg ein. Afrika-Feldzug. Japan

Werner Schneyder

ERICH
KÄSTNER

Ein brauchbarer Autor

verlegt bei Kindler

Alle Zitate aus den Werken Erich Kästners erscheinen mit
freundlicher Genehmigung des Atrium Verlags, Zürich,
und der Erben Erich Kästners, München.

Redaktion: Marita Gleiss
Bildredaktion: Angelica Pöppel
Korrekturen: Monika Lück
Umschlaggestaltung: Dieter Vollendorf
Satzherstellung: CRT-Satz Günther, Augsburg
Druck- und Bindearbeit: Druckerei Kiesel, Salzburg
Printed in Austria
8–1–6–4–2
ISBN 3-463-00844-0

Inhalt

Vorwort

Es gibt eine — von ihrem Urheber später abgeschwächte — Pointe über Erich Kästner:
»Halb Bürgerschreck, halb erschrockener Bürger.«
Sie wurde als einschränkender Spott verstanden. Warum? frage ich.
Ich kann in dieser einander bedingenden Dualität keinen Einwand gegen eine schriftstellerische Existenz erblicken. Im Gegenteil. Ich halte sie für eine — gewollt oder ungewollt — faire, vernünftige, menschliche Beschreibung eines der Gesellschaft angehörenden, diese Gesellschaft kritisierenden Autors.
Bürger erschrecken Bürger. Wenige denken nach, wovor und warum sie so erschrocken sind. Wenige begreifen die Mitbürger — deren Programm, deren Gegenwart, Vergangenheit und Zukunft — als Motiv ihres Schreckens. Wenige von den wenigen, die begreifen, äußern sich künstlerisch. Die das können und zu ihrem Beruf machen, formulieren die Gründe ihres

Schreckens. Das macht sie zum Bürgerschreck.
Einem Bürgerschreck vorzuwerfen, er wäre
selbst Bürger, sehne sich nach einer besseren
Bürgerexistenz unter besseren Bürgern, ist
Dummheit.
Wir sind beim Gegenstand Kästnerschen Schaffens.

Das Porträt eines toten Satirikers ist ein Porträt
der Vergeblichkeit, muß es sein. Die Aneinanderreihung von bündigen, gültigen, im Sinne des
Gebrauchsautors brauchbaren Passagen läßt
den Eindruck entstehen: Es ist alles sinnlos,
sprachlicher Widerstand kann nichts bewirken.
Der Schluß ist zu kurz.
Engagierte Schreiber meinen mit vielem, was sie
formulieren, den Tag, ihre Zeit. Ihre Hoffnung
aber kennt größere Zeitvorstellungen. Sie begreifen ihre Arbeit als Baustein.
Warum, könnte nun einer fragen, diese Zusammenstellung des »Vergeblich«? Nach ihrer Zeit
bewirkt sie nun schon gar nichts mehr. Außer
vielleicht von vornherein Verzweiflung bei jungen Gleichgesinnten?
Die Erinnerung an einen Autor wie Erich Kästner hat für mich einen dreifachen Sinn, soweit
sie die Erinnerung an den politischen Menschen
ist:
Wir überprüfen ein Werk auf Stellen, die unse-

rem Verstand nützen, wenn wir sie uns zu eigen machen.

Wir sammeln Beweise gegen die jeweiligen Ausreden einer Generation, die da auf Freispruch wegen Unwissenheit, Ahnungslosigkeit, Uniformiertheit plädiert.

Wir verzweifeln − am Beispiel Erich Kästner − an dem Verhältnis von Zeitgeschichte und gesundem Menschenverstand, beschließen, diese katastrophale Niederlage des Menschenverstandes nicht so hinzunehmen und hoffen, unseren Erben ein ähnlicher Grund werden zu können.

Das Befassen mit Vergeblichkeit muß nicht vergeblich sein. Resignation und Scheitern sind, wenn man ihnen Gestalt gibt, ein neuer Beginn.

Ich habe die politische Lyrik Kästners als Sechzehnjähriger, also im Jahre 1953 für mich entdeckt. Das Verhältnis von Inhalt und Form traf meinen Nerv. Ich bekam Auskunft. Der Bänkelton leistete, was er allzeit leistete. Die Auskunft wurde sinnlich.

Als ich in einem Vorwort zu Kästner-Gedichten las, wer noch, außer ihm, von den Nazis verbrannt wurde, notierte ich mir Namen. Ich hatte mir für das Ende meiner Schulzeit neue Lehrer zusammengestellt.

So war es mir später nie ganz erklärlich, warum dieser Autor bei ähnlich wie ich denkenden

Freunden häufig überhaupt keine Geltung hatte. Ich habe das zu klären versucht.

Mein Freund G. ist fünfzehn Jahre jünger als ich. Auch er ging in einer Provinzstadt, abseits der großen Schauplätze, zur Schule. Was mir das Begreifen des verlorenen Krieges und seiner Ursachen war, war ihm das Begreifen einer vermeintlichen Revolution. Degenhardt, Biermann und andere wurden, erzählt er mir, neben Dylan, Baez und den Stones die Verkünder dieser Revolution. Da schrieben sie Flugblätter, gründeten eine Zeitschrift und organisierten einen Streik gegen den Schulwart, weil der die Wurst zu teuer verkaufte. Diese radikale Aktion hätte beinahe den Rausschmiß des Freundes aus der Schule zur Folge gehabt.

Die Schule war von der Revolution gänzlich unbeeindruckt.

Das erklärte sich daraus, daß das Gros der Lehrer — tatsächlich noch, jedenfalls aber für die revoltierenden Schüler — Nazis waren. Die Lehrer und deren Repression wurden stellvertretend für eine Generation und deren Charaktereigenschaften zusammengefaßt in dem Begriff »Establishment«.

Die Jungen übersahen in ihrem Protest gegen die Älteren, daß es auch und immer schon Proteste aus deren eigenen Reihen gegeben hatte. Die Jungen beanspruchten das Recht auf Protest für sich. Ein Phänomen, das sich immer wiederholt. Den Jungen war über Eltern und Lehrern ein ganzes Lebensalter verdächtig geworden. Alles, was dieser Generation angehörte, konnte nur spießig, faschistoid, Feindbild sein.

Erich Kästner war für die, die in den späten sechziger Jahren zu denken und zu handeln begannen, von vornherein einer von jenen. Er entstammte der Generation, die den Faschismus nicht verhindert hatte. Der eine oder andere hatte wohl etwas von ihm gelesen, aber nichts, was ausgereicht hätte, publik zu machen, wie sehr Kästner ewiger Erbfeind der historisch unbelehrbaren Lehrer gewesen war und wohl noch war.

Es war diesen Jungen eher ein Rätsel, warum ein Verfasser einer Geschichte wie »Das doppelte Lottchen« von den Nazis geächtet war, warum seine Werke gar verbrannt worden waren. Im Bücherschrank der Eltern standen, wenn man den Zeichnungen trauen durfte, witzige Romane, im eigenen Bücherschrank Kinderbücher, die man wohl geliebt hatte, aber eben »früher«. So groß war das Interesse der Jungen nicht, diesen Mann wirklich kennenzulernen, um in seinem Werk differenzieren zu können. Das Kästner-Bild, das der Buchhandel forcierte, brachte sie auch nicht auf diese Idee.

So war also mein Freund damals der Meinung,

daß Kästner von den Nazis offensichtlich über-
schätzt wurde, hielt ihn für eine Figur harmloser
Aufmüpfigkeit, mit der sich Tanzschüler ein wenig oppositionelle Weltanschauung anlernen
konnten. Schon der Reim machte das Engagement verdächtig, ließ es nach Plüsch riechen.
Kästner war − verglichen mit den Autoren von
Blut, Schweiß, Tränen, Scheiße und Urin − nur
ein milder Spötter aus der guten Stube.
Kästner schaffte nicht, was Tucholsky, was
Kraus schafften. Er erhielt die Absolution nicht.
Selbst wenn man begriff, daß die Nazis seine Gedichte verbrennen *mußten*.
Und heute fragt mein Freund, was denn Kästner
nach 1945 zu Wiederaufrüstung, zu atomarer
Bewaffnung, zum Wiedererstehen faschisti-
schen Vokabulars gesagt hätte. Er fragt es
scharf, er setzt abermals »nichts« oder »zu wenig« oder »Undeutliches« voraus. Auch da irrt
er. Aber wahrscheinlich wieder ein wenig
schuldlos. Da gibt es Gesamtausgaben, Gesammelte Schriften[1], da gibt es familiäre Korrespon-
denzen, aber wo ist der kritische Auswahlband
− er muß nicht dick sein − *Erich Kästner, ein
Antifaschist* oder *Erich Kästner und die politische Aufklärung*.
Für viele heute auch nicht mehr junge Leute ist
nicht mehr als ein soignierter älterer Herr geblieben, der gelegentlich »aber . . . !« gesagt

hat. Dessen Haltungen zu hübsch verpackt waren, zu verdaubar. Sein politisches, literarisches und privates Schicksal wird von diesem Urteil nicht gekannt oder es wird vergessen.

Ich möchte zur besseren Verständigung beitragen. Zwischen einem toten Autor und seinem Publikum, das es irrtümlich nicht ist.

Erich Kästner begann als nerviger, hochintelligenter Asphaltliterat. Die Zeit und die Zukunft, die er ihr hellsichtig hochrechnete, provozierten seine Sprache und sein Formgefühl.

Er endete als alkoholisiertes, von unbewältigtem Privatleben zerriebenes Denkmal seiner selbst. Schweigend, aufgegeben, wehrlos.

Die frühen Fotos zeigen einen wachen, angriffslustigen, sinnenfrohen jungen Hund. Höhnisch und verträumt zugleich. Die späten Fotos zeigen einen Altmeister, dessen Ironie sich nach innen gekehrt hat und sich dort niedertrinken läßt. Dazwischen aber steht nicht nur Lebensgeschichte, nicht nur Biologie. Dazwischen stehen die zwölf Jahre nicht mehr vorstellbarer, nicht mehr verarbeitbarer Absurdität des Dritten Reiches.

Kästners Biographie spielt in einem politischen Szenarium, das einem Moralisten und Satiriker der Teufel aussucht: zwei Weltkriege, von denen ihm schon der erste als nicht mehr steigerbarer Wahnsinn erschien. Zweimal der Wiederbe-

ginn mit dem Glauben an die Lehre, mit dem
Hoffen auf Belehrbarkeit. Nach dem ersten
Krieg Zeuge des Unterganges einer Republik,
nach dem zweiten Krieg früh bewußter Zeuge
neuerlich falscher Ziele, Beobachter alter Un-
belehrbarkeit, Ahner unserer Angst.

Der Chronist seiner Zeit, Erich Kästner, wurde
kein Gegenstand der Literaturwissenschaft. *Ein*
akademischer Versuch[2], die Verschiedenheiten
in seinem Schaffen, die historisch bedingten, die
formal vorsätzlichen, die qualitativ unfreiwilli-
gen unter einen Doktorhut zu bringen, hat allenfalls etwas Bemühtes.
Erich Kästner war ein Schreibgewerbler.
Mit journalistischen bis dichterischen Mitteln
schrieb er sein Ziel an. Zwölf Jahre lang mußte
er keimfrei kommerziell sein, was er selbstverständlich auch konnte, also — gleichsam oder
völlig — kuschen.
Danach versuchten sich alle seine Talente noch
einmal.
Da gibt es nun viel Verschiedenes. Als »Gesamtwerk« — qualitativ gesehen — will ich es nicht
begreifen. Es handelt sich um eine Zusammenstellung einiger verwandter Autoren, die alle
Erich Kästner heißen. Einen davon finde ich
schwach, einen brauche ich nicht, einen respek-
tiere ich, einen liebe ich.

Nebenlinien der Biographie

Ich hatte vor, den Leser aufzufordern, sich privat-biographisch an anderer Stelle genau zu informieren. Ich hatte nur vor, Kästners politisches und literarisches Leben durch Zitate zu belegen und diese Zitate zu kommentieren. Ich mißtraue jeder Art von Geschichtsschreibung, so auch der der Familiengeschichte.

Das Kind Erich Kästner lebte in Dresden. Seine architektonische Heimat war Kultur. Sein familiäres Zuhause war Kleinstbürgertum. Eine Mutter machte den Sohn zu ihrem Leben. Sie opferte sich für ihn – wie man das im bürgerlichen Sprachgebrauch, sehr anfechtbar, formuliert.

Eine nähende, frisierende, alles dominierende Mutter verlangte von ihrem Sohn erstklassige Leistungen in Schulen, deren Erziehungsprinzipien der Schüler Erich Kästner nicht annehmen konnte. Aber er erbrachte die geforderten erstklassigen Leistungen.

Der herzleidende Soldat Erich Kästner war blutjung. Ein armer, theaterbesessener Student

Kästner in Leipzig befaßte sich in den Jahren
nach dem Ersten Weltkrieg intensiv mit Lessing
und Fridericus Rex[1], also mit der deutschen
Spannweite von Vernunft und Unvernunft.
Dann gab es einen »Doktor« und »Redakteur«
Erich Kästner. Einen Mann, der kämpfen konn-
te und wollte. Einen, der reif war für Berlin.
Der Literat Erich Kästner brachte es dort zu ei-
ner sechsjährigen, prominenten Karriere. Dann
war er ein verbotener, der Verbrennung seiner
Bücher zusehender Autor geworden.
Der Nichtemigrant Erich Kästner konnte seine
Bücher in der Schweiz publizieren. Natürlich
nur die, die ihm ein Überleben in Deutschland
nicht unmöglich machten[2]. So überstand er den
Krieg.
Der befreite Erich Kästner begründete seine
Nichtemigration und begann wieder. Aber nicht
mehr dort, wo er aufgehört hatte.
Der Satiriker Erich Kästner begann sich zu ziti-
ren. Der PEN-Klub-Präsident äußerte sich. Der
alte Mann erinnerte sich. Dann kam gar nichts
mehr. Es ist ja meist nicht so, daß eine privat-
lebensnahe Biographie das Werk erhellt. Wenn,
so ist das umgekehrte Verfahren viel zielführen-
der. Nur bleibt immer die Frage, wem oder was
mit ausgeleuchteten Biographien genützt wird.
Allzu häufig nur redseligen Witwen oder Eben-
Nicht-Witwen oder deren Verlegern.

Da mir das Problematische, den Autor für meine Absichten möglicherweise unnütz Relativierende an der Biographie Kästners ein wenig bekannt war, wollte ich Details aus diesem Porträtversuch weitgehend heraushalten. Wenn man zu charakteristischen Textstellen biographische Notizen assoziiert, sollte das der Absicht, ein Porträt zu versuchen, dienlicher sein.

Nun ist mir aber klar geworden: Eine Biographie Erich Kästners[3], auf die man mit gutem Gewissen verweisen kann, gibt es nicht. Die Gründe dafür liegen in seiner Biographie.

Erich Kästner hat eine langjährige Gefährtin seines Lebens (im Folgenden als Lebensgefährtin bezeichnet) autorisiert, seine Geschichte und seine Geschichten zu betreuen und zu beschreiben. Diese Lebensgefährtin[4] tat dies mit liebendem Takt, mit größtem Respekt, aber mit viel (nicht weiter verwunderlichem) Vorsatz, zu beweisen, warum nur sie autorisiert war, über Kästner zu referieren.

Takt, perspektivische Täuschungen und Auslassungen führten zu Darstellungen Kästners, die nicht stimmen.

Die von ihr verfaßte Biographie, eine von ihr herausgegebene Anekdotensammlung[5] und ein Briefwechsel[6], zeichnen eine Figur Kästner, der nach allen Richtungen die Dimension fehlt. Die Le-

bensgefährtin, dies zu ihrer ausdrücklichen Recht-
fertigung, begriff sich da als Erbin Kästners. Denn
schon er gab nur preis, was er für richtig hielt, und
sorgte so für Nebel und Verzerrung.

Hier gibt es keine Schuld. Das ist einfach so.
Kästner war sehr in seine Biographie verstrickt.
Er hatte alle Hände voll zu tun, sich mit ihr zu ar-
rangieren. Daß er nur öffentlich werden lassen
wollte, was dieses Arrangement nicht erschüt-
terte, ist verständlich.

Wir lesen: Nach siebenjähriger Ehe gebar 1899
zu Dresden Ida Amalia Kästner, Hausfrau und
Heimarbeiterin, ihrem Mann Emil Erich Kästner, als Sattler in der industriellen Fertigung ge-
landet, einen Sohn, Erich Emil. Von nun an gibt
es nur noch Mutter und Sohn. Der Vater spielt
nur noch die Rolle, keine zu spielen. Die Ehe,
wird angedeutet, war schlecht. Den Sohn verstand der Vater nicht, für die ehrgeizigen Pläne
der Mutter mit dem Sohn hatte er kein Verständnis. Er lief so mit, der Vater, bis zu einem
rührenden, letzten Foto mit dem Sohn 1956 in
München.

Die Sache ist nur die: Der Vater Kästner war
nicht der Vater Kästners.

Ich beschreibe jetzt einfach, wie ich dazu komme, das mitzuteilen. Warum ich es tue, müßte
daraus hervorgehen.

Erich Kästner hat einen Sohn Thomas. Der

heißt auch Kästner. Aber nur auf Grund behördlichen Entgegenkommens. Dieser Sohn
muß als Sohn eines Pädagogen, Moralisten und
Kinderbuchautors interessieren. Vor allem als
Sohn eines Dichters, der geschrieben hat: »Ich
möchte endlich einen Jungen haben . . .«[7].
Ich werde auf Thomas Kästner noch zurück-
kommen. Zunächst erzähle ich nur, daß ich ihn
zu Ende einer Begegnung gefragt habe, ob er
sich für dieses von mir beabsichtigte Buch etwas
wünscht. Ob es etwas gibt, was seiner Meinung
nach endlich veröffentlicht werden sollte.
Es entstand eine lange Pause. Ich glaube nicht,
daß Thomas Kästner nachgedacht hat, ich glaube eher, daß er mit sich diskutierte.
Dann sagte er: »Es gibt so etwas wie ein Drei-
zehntes Zimmer im Kästner-Komplex: das ist
die Herkunft meines Vaters.« Dann erfuhr ich,
Erich Kästner war der Sohn des Hausarztes der
Eltern, des Sanitätsrates Dr. Zimmermann.
Dieser Dr. Zimmermann emigrierte kurz vor
dem Krieg, auf Umwegen, nach Brasilien. (Er
taucht in Kästners Erinnerungsbuch »Als ich ein
kleiner Junge war« auf, auch in der Korrespon-
denz Mutter-Sohn. Er solle sich an Dr. Z. wenden, rät die Mutter ihrem Sohn in mancherlei Situationen.) Eine ganz kleine Personengruppe,
Verleger und Freunde, dürften das gewußt haben, meinte Thomas Kästner.

Die Mutter[8] von Thomas Kästner (im Folgenden als Mutter des Sohnes bezeichnet) bestätigt die Geschichte: Sie war 1957 nach einer schweren Geburt, erzählt sie, mit dem Kind die erste Nacht wieder aus der Klinik. Erich Kästner war bei ihr. Er teilte ihr mit, das Kind wäre Vierteljude, er Halbjude. Erich Kästner hatte die Information von seiner Mutter.

Erich Kästner hat dann der Mutter seines Sohnes auch erzählt, wie er des öfteren zu Dr. Zimmermann geschickt wurde, um etwas Geld zu holen. Er hat auch einige Male von einer »millionenschweren Halbschwester« gesprochen. Dann bestätigt die Mutter auch noch die Erzählung des Sohnes Thomas, wie er von einem Mitglied der Familie Zimmermann in einem Lokal auf Grund der Familienähnlichkeit als Enkel erkannt und angesprochen wurde.

Die Lebensgefährtin und Biographin Erich Kästners bestätigt all dies indirekt. Das wäre sehr gut möglich, meint sie, aber sie sei »nicht befugt, über Dinge zu sprechen, über die zu sprechen Kästner sie nicht autorisiert« habe. Ich stelle fest: Diese Abkunft erklärt doch endlich Vieles im Schaffen Kästners. Darauf sagt sie: »Natürlich, vor allem das Niveau.«

Erich Kästner, der während des Dritten Reiches nicht emigriert war, war also als getarnter Halbjude in Deutschland geblieben. Das werden wir

uns bei seiner Darstellung der Gründe dazuden-
ken müssen.

Ich habe die drei Zeugen eingeführt – Lebensgefährtin, Mutter des Sohnes und Sohn –, die
zur Richtigstellung in Erich Kästners Biographie
beitrugen. Sie sind selbst Anlaß einer weiteren
Richtigstellung, besser: Ergänzung.

Die erwähnte Biographie Erich Kästners deutet
den Besitzanspruch, die Alleinvertretung seiner
Lebensgefährtin an. Wenn sich die Mutter von
Erich Kästners Sohn eine »objektivere Biographie« wünscht, dann meint sie einfach eine, in
der sie als mithandelnde Person vorkommt.
Zwanzig Jahre Kästners Freundin gewesen zu
sein, sollte als Grund genügen.

Die Lebensgefährtin hütet Kästners Erbe. Sein
Stuhl, von dem aus er die letzten Jahre seines
Lebens in München in den Garten starrte, steht
so, daß der Besucher in den Garten starren
kann, wenn er für würdig erachtet wird, in Kästners Stuhl Platz zu nehmen.

Ein Gespräch über Kästner zu führen ist nicht
leicht. Sie will ein Gespräch über ihre Rolle an
der Seite Kästners führen. Sie kann nicht anders. Es hat etwas Rührendes, dieser chroni-
sche Versuch einer Emanzipation nach dem Tod
der alles beherrschenden Bezugsperson. Mich
interessiert das Thema Kind. Er wollte kei-

nes, sagte sie. In den Gedichten lese ich das anders, sage ich. Jetzt kommt alles ein wenig
durcheinander. Er wollte eben von ihr keines.
Oder: Ab einem gewissen Zeitpunkt hätten sie
keine »Beziehungen« mehr gehabt.
Sie weiß, daß Kästner zur Mutter seines Sohnes
ein »gutes sexuelles Verhältnis« gehabt hat. Sie
fühlt sich von Kästner »hereingelegt«. Erst nach
drei Jahren hatte Kästner den Mut – oder mußte den Mut haben? – ihr das Kind mit der Anderen zu gestehen. Sein Verhalten ihr gegenüber,
seine Feigheit, waren der »große Betrug«.
Warum war er so feige, der Moralist? Wollte er
nur nicht weh tun? An anderer Stelle sagt sie einmal, er wäre ein so »merkwürdig gerechter«
Mensch gewesen. Ja, mit »merkwürdig gerecht«
ist es zu erklären.
Seltsam, zu seinem Schaffen, zu seinem Arbeits-
prozeß, zu seinen formalen Überlegungen weiß
sie, eine ehemalige Redakteurin, nichts zu sagen.
Ob er sich je zur Theorie des Reimes geäußert
hätte? Vielleicht in privaten, kollegialen Streit-
gesprächen, in einer Zeit, als der Reim für die
Lyrik gestorben zu sein hatte? Dazu hat sie
nichts mitzuteilen.
Hat Kästner unter den sich sicherlich immer wie-
derholenden Vorwürfen, nicht auch emigriert zu
sein, gelitten? Natürlich hat er das. Ob er es zwi-

schendurch bereut hat? Die Frage scheint nicht sinnvoll. Allen nachgelieferten und zum Teil auch mitspielenden Motiven zum Trotz gibt es für Menschen, die Kästner sehr gut kannten, nur einen entscheidenden Grund, nicht emigriert zu sein: seine Mutter.

Mich interessiert Kästner 1945. Hat der Mann noch einmal mit aller Kraft beginnen wollen – nach den Jahren entwürdigender Tarnung, kastrierter Schreibarbeit? Ja, Kästner hat die Zeit nach 1945 wie die nach 1920 empfunden. Er war voller Hoffnung. Aber sehr bald hat er die Amerikaner als »die nächsten Knebler« begriffen. Kästner war mit seinen politischen Empfindungen immer so früh dran, daß sie sehr bald den Rang von Prophezeiungen annahmen.

Kästners Weg in die Resignation war der zum »Wohlstandsbürger.« Er hat sich, erzählt sie, immer mehr die »unterdrückten Lebenswünsche« erfüllen wollen.

Damit sind wir bei Liebe und Erotik. Da hat die Lebensgefährtin keine Mühe zu erzählen. Da ist von »weiblichen Bataillonen« die Rede. Davon, daß Kästner ein »ungeheurer Liebhaber«, aber eben auch sehr diskret war.

Das Wort »Liebe« hätte er nie in den Mund genommen. Er war »abgekapselt«, um »Selbstschutz« bemüht, zwischen ihm und seinen Partnerinnen wäre immer eine »Glaswand« gewesen. Keine Frage, daß seine starke Mutterbindung Element dieser Glaswand war.

Warum hat Kästner nie heiraten wollen?

Wegen des Beispiels seiner Elternehe. Also seiner Mutter wegen.

Das alles sagte mir die Lebensgefährtin, bevor ich vom wahren Vater erfahren hatte. Wodurch es sich nun doppelt erhärtet.

Ich erwähne, was sich bei Lektüre aller mit Erotik befaßten Texte aufdrängt, wie sehr Kästner für Feministinnen, besser: für bewußte Frauen ein wahres Feindbild sein müßte. Das bestätigt die Lebensgefährtin lächelnd.

Er war ein Sohn-Typ. Es blieb der Lebensgefährtin nichts übrig, als eine zweite Mutter zu werden. Duldend aber possessiv, wie es Mütter eben sind, die alles auf den einen Sohn setzen.

Die Mutter von Erich Kästners Sohn hat ihre Bindung zu Kästner überlebt. Schon zu dessen Lebzeiten.

Man sieht ihr an, wie sie als noch sehr junge Frau[9] die erotische Erfüllung eines bald alten Mannes gewesen sein mußte. Da bedarf es der gerne und stolz gezeigten Fotos von damals nicht. In der Beschreibung der Person Erich Kästners gibt es zwischen beiden Frauen so gut wie keinen Unterschied. Manche Formulierungen sind deckungsgleich.

Die Mutter des Sohnes spricht nicht von sich, sie spricht von »uns« und von »wir«. Mutter und Sohn wurden ihr eine Interessengemeinschaft vor dem Vater und der Gegenwelt, die ihn vorenthielt, wurden ihr eine Person.

Sie hatte den Sohn nach achtjähriger Beziehung zu Kästner bekommen. Seiner Lebensgefährtin hatte er ein Kind verweigert. Daraus hätte diese wohl geschlossen, Kästner wolle keines.

Die Mutter des Sohnes erzählt von der großen Sympathie zwischen Vater und Sohn. Aber auch von den Nachteilen des Berufs und des Vateralters. Kästner war 57, als der Sohn kam. Er litt unter der Nähe von Kindern. Aber er wollte sich in seinem Sohn noch einmal sehen. Der Sohn erfüllte nun die Erwartungshaltung nicht. Er war nicht »brillant«, nicht »der junge Kästner«. Die Mutter fand das immer eine logische Entwicklung, da das Kind vor der Öffentlichkeit weggedrückt war. Nicht uninteressant, daß der Pädagoge Kästner in einigen Briefen die Ohrfeige als Erziehungsmittel für seinen Sohn empfahl.

Der Sohn hätte seinen Vater bis zum Schluß besucht. Aber in sich steigerndem Maße ungern. Die Atmosphäre im Hause des Vaters, die Spannungen, die seine Anwesenheit auslösten, waren dem Kind unerträglich.

Heute könne der Sohn vor allem den »neckischen Ton« mancher Kinderbücher nicht ausste-

hen. Von der ganzen »Kästnerei« will er überhaupt nichts mehr wissen, sagt seine Mutter.
Ich werde mit dem Thomas Kästner reden, nehme ich mir vor.
Erich Kästner hatte nicht die Kraft, die Lösung
privat kaum haltbarer Situationen zu erzwingen.
Er verlangte von den Beteiligten, sich zu arran-
gieren. Die Mutter seines Sohnes war fünf Jahre
vor Kästners Tod abgesprungen. Ihr Ultimatum
um den Besitz des Mannes hatte keinen Erfolg
gehabt. Kästner soll sehr ärgerlich gesagt haben:
»Man steigt nicht aus einem Spiel aus.« Für ihn
war das Arrangement offenbar gültig.
Der publizistischen Unterschlagung des Sohnes
widerspricht wieder, daß Kästner bei bayrischen
Behörden für ihn den Namen Kästner beantragt
hatte. Da war sicherlich starker weiblicher
Druck dahinter, aber Kästner freute sich über
die positive Entscheidung seines Gesuchs, für
die es rechtlich keine Grundlage gab. Hier wurde nur, dank der Prominenz des Ansuchenden,
ein moralischer Anspruch anerkannt.
Wenn man – substantiell keineswegs Veröffentlichung fordernde – Briefe an Mutter und
Kind[10] liest, hat man es schwer zu begreifen. Da
ist ein zärtlicher Liebhaber, besser: ein kranker,
alter Mann, der sich an zärtliche Liebhabereien
erinnert, an einen Fluchtpunkt in seinem Leben.
Da ist auch ein immer besorgter Vater.

In fast allen Briefen ist von Geld die Rede, das Kästner mitschickt, vom Verwendungszweck, von der Ankündigung weiterer Summen. Kästner hat Sohn und Mutter nicht offiziell ernährt, nicht über den Dauerauftrag einer Bank, sondern aus der Hand, aus dem Kuvert. Hatte da ein Erfolgsautor seinen neuen sozialen Status nicht begriffen? War er die armen Jahre seiner Jugend, die damals erzwungenen Arten, mit Geld umzugehen, nicht losgeworden?

Auch die Lebensgefährtin hat erzählt, daß er schon seine Mutter immer mit »Scheinchen« bedacht hatte. »Scheinchen« und »Blumensträußchen« — Kästner wollte immer der Schenkende sein.

Und wenn wir schon von Geld reden: Die drei Erben Kästners sind heute alle sehr zufrieden. Er, der für sich selbst immer anspruchslos war, hat »großzügig« und »fabelhaft« vorgesorgt.

In seinem Privatleben, könnte man meinen, ist der Moralist und Pädagoge Erich Kästner hinter seinen Ansprüchen etwas zurückgeblieben. Solch ein Urteil wird aber zu bedenken haben: Ergebnis welcher Pädagogik und welcher Moral war dieser Mann selbst?

Darüber wird uns das Nachlesen noch informieren. Zunächst aber: Was sagt die direkte Bezugsperson pädagogischer Moral, der Sohn?

Was konnte ein »Schulmeister« — im umfassen-

den Sinn des Wortes — sein eigenes Kind lehren?

Das Kind Thomas, das zu seinem Vater in einem
so traurigen organisatorischen Verhältnis stehen
mußte, ist heute ein hochintelligenter, sympa-
thischer, künstlerisch begabter junger Mann.
Der skrupulöse Ernst, die Nachdenklichkeit, die
Fairness, mit der er über seinen Vater infor-
miert, beeindrucken mich tief. Die Wehmut, die
sich im kurzen Gespräch zwischen ihm, dem
Kind, und mir, dem Schüler eines Dichters, auf-
baut, läßt mich lange nicht los.
Thomas Kästner fühlt sich vom Werk seines Vaters nicht stark beeinflußt oder gar geprägt. Er
hat die Gedichte gerne gelesen, am liebsten so
eines wie die »Maulwürfe«. Er schätzt manche
Feuilletons.
Mit den Stereotypen von Romanen wie »Die
verschwundene Miniatur« oder »Drei Männer
im Schnee« kann der Sohn gar nichts anfangen.
An Literaturempfehlungen seines Vaters kann
er sich nicht erinnern, zu schwach war der Kon-
takt in den Jahren der Pubertät. Auf dem Gebiet
der Aufklärung in sexueller Hinsicht verdankt er
seinem Vater kein Wort. Auch auf diesem Gebiet war es ein »stummes Verhältnis«.
Was bleibt einem Kind, das wußte, wie sehr es
seinen Vater »verletzte«, weil es kein Muster-

schüler war? Das aber von seinem Vater nicht
weiß, ob der wußte, wie sehr das Kind beim
Kampf der Frauen um den Vater mitleiden mußte? Das nur die Vermutung bestätigen kann, daß
sein Vater immer Schuldgefühle gehabt hat?

Da gibt es nun ein Buch, in dem kommt er vor als
»Kleiner Mann«. Damals hat er es »unkritisch«
angenommen. Heute weiß er, der »kleine
Mann« hat nicht, was »Emil« hatte. Emil, das
war eben der Vater. Den »Emil« freilich, den
hat er einmal gerne gelesen.

Da gibt es noch viele Fragen an den Vater, die
nie gestellt werden konnten. Ob der wohl gewußt hat, wie »unangenehm« das ständige An-
sprechen auf »Kästner« dem Schüler Thomas
sein mußte?

Dieses Vater-Sohn-Schicksal hat unzählige Pa-
rallelfälle, nach denen kein Hahn kräht. Aber
ich weise den Vorwurf, es überzubewerten, zurück. Zu wichtig wird es *wegen* der Figur des Vaters. Ein politischer Dichter, ein sich selbst als
»Moralist« etikettierender, bleibend erfolgrei-
cher Autor, gibt so einer ganz normalen Geschichte einen anderen Stellenwert. Sie wird für
ihn wichtig und über ihn auch allgemein.

Thomas Kästner, dem es manchmal ein schlech-
tes Gewissen verursacht, als Erbe lebenslang
wohlhabend zu sein, ist künstlerisch und beruflich in die Musik ausgewichen. Er hat sie ge-

wählt, weil sie ein »fremdes Land« war. Die Formulierung ist genau. Es gibt Söhne, die emigrie-
ren müssen, um leben zu können.

Der Sohn Erich Kästners hat alles, was mit ihm
und um ihn ablief, noch nicht überstanden. »Eine ernsthafte Beschäftigung mit dem, was passiert ist, steht aus«, sagt er.

1899−1933
Dresden · Leipzig · Berlin
Schülerjahre · Studienjahre
Der Schriftsteller

»Aber ich liebe ihn doch nicht«, soll Ida Augustin, Kästners Mutter, gesagt haben, als ihre Schwestern einen möglichen Ehemann, einen »Kandidaten, der ihnen geeignet erschien«, gefunden hatten. Es war die Zeit der gnadenlosen Auslieferung der Frau an das Los, verheiratet werden zu müssen. Doch Opfer wurde auch der Mann Emil Kästner.

Das Kind Erich Kästner, geboren am 23. Februar des Jahres 1899, gezeugt vom Hausarzt der Familie, dem Sanitätsrat Dr. Zimmermann. Das hätte er von seiner Mutter erfahren, erzählte Erich Kästner der Mutter seines Kindes.

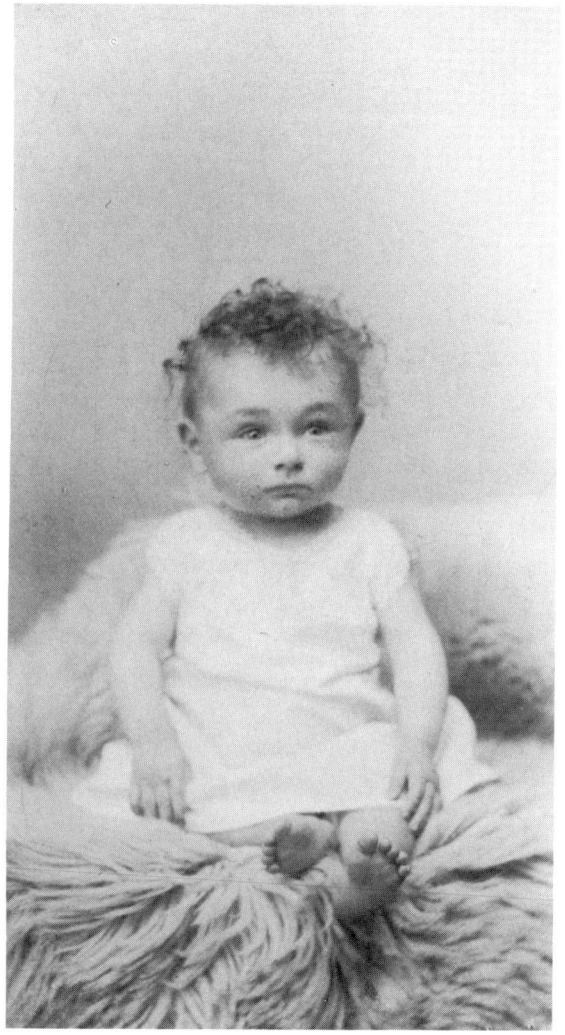

Erich Kästner war von seiner Geburtsstadt Dresden – hier um 1910 – sehr geprägt. ». . . eine wunderbare Stadt, voller Kunst und Geschichte und trotzdem kein von sechshundertfünfzigtausend Dresdnern zufällig bewohntes Museum.« Von Brücken wie dieser wollte Kästners Mutter oft ins Wasser gehen, bis das verzweifelt durch die Stadt irrende Kind Erich sie endlich fand und nach Hause nahm.

Das Geburtshaus in der Königsbrückerstraße 66. Kästners bewohnten eine Mansarde im 4. Stock. Der soziale Aufstieg bedeutete damals das Erreichen niedrigerer Stockwerke. Im zweiten Haus wohnten Kästners in der dritten, in einem dritten Haus schon in der zweiten Etage: »Wir zogen tiefer, weil es mit uns bergauf ging. Wir näherten uns den Häusern mit den Vorgärten, ohne sie zu erreichen.«

Die »vollkommene« Mutter. Von Erich Kästner ein Leben lang verzweifelt idealisiert, von keiner Chronik hinreichend als unschuldig Schuldige begriffen.

Die 34jährige Mutter erlernte den Friseurberuf, um im eigenen Schlafzimmer das Geld für die höhere Bildung des Kindes zu erschuften.

Frau Ida Kästner

═══ Friseuse ═══

Dresden-N., Königsbrückerstr. 48 III.

empfiehlt sich zur Ausführung
der einfachsten bis elegantesten

Tages-, Ball- u. Braut-Frisuren.

Ondulation. ❀ Kopfwaschen.

Gleichzeitig Ausübung der Gesichtsmassage.

So war der achtjährige Erich Kästner schon »der beste Schüler und der bravste Sohn«. Er hatte keine andere Wahl.

| IV. Bürger-Bezirks-Schule, Klasse 1c | | | |
| Michaelis 1911 | | Ostern 1912 | |

Hauptzensuren	Klassenlehrer	Hauptzensuren	Klassenlehrer
Sittliches Verhalten		1	
Fleiß und Aufmerksamkeit	Lehmann	1	Lehmann
Ordnungsliebe		1	
Strafen und Verweisen		1	

Einzelzensuren	Fachlehrer	Einzelzensuren	Fachlehrer
Religionskenntnisse		1	
Deutsche Sprachlehre		1	
Rechtschreibung		1	
Lesen und Literatur	1b	1b	
Mündlicher und schriftlicher Gedankenausdruck			
Erdkunde	1b	1½	
Naturgeschichte	1b	1½	
Naturlehre	1b	1½	
Rechnen		1½	
Formenlehre			
Zeichnen	2	Brügm.	2	Br.
Singen	2a	1½	
Schreiben	1a	1½	
Turnen	1b	Rgt.	1½	Rgt.
Handarbeiten			
Französisch	1	1	
Seit der erlangten Ausnahme in der gemachten Fortschritte	1	1	

| Versäumnisse: e. — u. — zuf. — | | e. — u. — zuf. — | |

Unterschrift des Vaters oder seines Stellvertreters:

Emil Kästner   Emil Kästner

Mit Zeugnissen wie diesem gab das Kind dem Leben seiner Mutter einen Sinn.

»Dann gab es Weltkrieg statt der großen Ferien.« Das war
eine Schule, in der Kästner nichts mehr begreifen wollte und
so alles begriff.

So sah der Gefreite aus, den dann ein vertierter Sergeant so
schleifen ließ, daß ein lebenslänglicher Herzfehler übrig
blieb.

Ein Klassenausflug. Das sind die Schüler, die sich in später beschriebenen Klassentreffen wiederfanden . . .

. . . sofern sie nicht schon im Ersten Weltkrieg unter einem »Meer von weißen Kreuzen« begraben worden waren.

Studienbeginn in Leipzig 1919. Das Abschiedsfoto mit der
Mutter — auch hier gab es den Vater offenbar nicht.

Leipzig, die Stadt, in der Kästner studierte und wo er im Jahre 1920 erstmals in einer Sammlung »Dichtungen Leipziger
Studenten« publizierte.

Zwei Jahre darauf wurde er Redakteur der »Neuen Leipziger Zeitung«.

Abendlied
des Kammervirtuosen
von Erich Kästner.

Du meine neunte Sinfonie!
Wenn du das Hemd an hast mit rosa Streifen
Komm wie ein Cello zwischen meine Knie,
Und laß mich zart in deine Seiten greifen!

Laß mich in deinen Partituren blättern.
(Sie sind voll Händel, Graun und Tremolo) —
Ich möchte dich in alle Winde schmettern,
Du meiner Sehnsucht dreigestrichnes Oh!

Komm laß uns durch Oktavengänge schreiten!
(Das Furioso, bitte, noch einmal!)
Darf ich dich mit der linken Hand begleiten?
Doch beim Crescendo etwas mehr Pedal!!

Oh deine Klangfigur! Oh die Akkorde!
Und der Synkopen rhythmischer Kontrast!
Nun senkst du deine Lider ohne Worte . . .
Sag einen Ton, falls du noch Töne hast!

Und dieses Gedicht – von seinem Freund Erich Ohser (E. O. Plauen) illustriert – beendete mit einem Skandal fünf Jahre darauf Kästners Leipziger Karriere.

Erich Kästner, ein junger Literat und Theaterkritiker, kam 1927 nach Berlin. Was ihm Berlin wurde, ist im Roman »Fabian« nachzulesen.

Und dieses war Kästners erstes Stammcafé in Berlin, das »Carlton«. Eines der Lokale, die für einen Kaffeehausliteraten Heimat und somit Biographie werden.

Erich Ohser illustrierte Kästners ersten Gedichtband.

ERICH KÄSTNER

MIT ZEICHNUNGEN VON ERICH OHSER

STEFAN GROSSMANN: MORGENSTERN? PET
PANTER? NEIN. ERICH KÄSTNER! EIN GROS
STADTLYRIKER MIT EIGENEM GESICHT
HANS NATONEK: HIER SPRICHT EINER, D
REPRÄSENTATIV IST FÜR SEINE GENERATIC
JAHRGANG 1899. LYRIK UNSERER ZEIT KAN
GAR NICHT ANDERS AUSSEHEN

»Herz auf Taille« – der präziseste Titel für diese Lyrik.

Das erste Kinderbuch, »Emil und die Detektive«, illustriert von Walter Trier.

Walter Trier blieb bis zu seinem Tode 1951 Illustrator der Kästnerschen Kinderbücher.

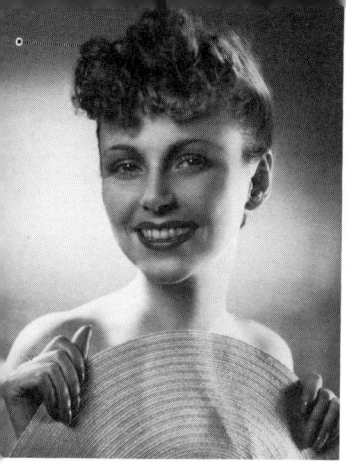

Die 1939 tödlich verunglückte Schauspielerin Herti Kirchner.

Bei Kitzbühel mit dem Mitautor des Drehbuchs zu »Emil und die Detektive«.

Der erste Frack eines gemachten Mannes, Kitzbühel, im Winter 1932.

Eine stolze Mutter

Ein deshalb stolzer Sohn

Fantasie von übermorgen

Und als der nächste Krieg begann,
da sagten die Frauen: Nein!
und schlossen Bruder, Sohn und Mann
fest in der Wohnung ein.

Dann zogen sie, in jedem Land,
wohl vor des Hauptmanns Haus
und hielten Stöcke in der Hand
und holten die Kerls heraus.

Sie legten jeden übers Knie,
der diesen Krieg befahl:
die Herren der Bank und Industrie,
den Minister und General.

Da brach so mancher Stock entzwei.
Und manches Großmaul schwieg.
In allen Ländern gab's Geschrei,
und nirgends gab es Krieg.

Die Frauen gingen dann wieder nach Haus,
zum Bruder und Sohn und Mann,
und sagten ihnen, der Krieg sei aus!
Die Männer schauten zum Fenster hinaus
und sah'n die Frauen nicht an ...

»Übermorgen« war zu optimistisch.

Was brannte — »deutscher« oder »undeutscher« Geist?

Fabian und die Grundzüge

Zwei Jahre vor Ende seiner Karriere in politischer Freiheit, 1931, veröffentlichte Erich Kästner seinen ersten Roman. Er sollte ursprünglich »Der Gang vor die Hunde«[1] heißen. Die Formulierung war dem Verlag offenbar zu zeitbezüglich. So heißt der Roman nun »Fabian« − ein Synonym für »Kästner«.

An der Debatte, inwieweit »Fabian« ein guter oder nicht guter Roman sei, beteilige ich mich nicht. Debatten dieser Art sind von bleibender Müßigkeit. »Fabian« ist ein interessantes Buch, ein hochinteressantes Buch. Man lernt einen Mann kennen, dessen Sicht einer Stadt, eines Klimas, einer Zeit, also auch die Zeit aus der Perspektive eines, der in ihr Verlierer sein wird. Das Buch ist gebaut wie ein Film, ist eigentlich ein verkapptes Filmbuch. Daß es dem neuesten deutschen Film gelungen ist, ausgerechnet aus dieser Vorlage einen elenden, gänzlich inadäquaten Film zu machen, kann man nur mit Mühe komisch finden.

Ein auffallender, handwerklicher Einwand gegen das Buch sei doch notiert. Die Dialoge sind keine. Alle handelnden Figuren sprechen Erich Kästner. Ihre direkte Rede nimmt auf Geschlecht, Charakter, Psyche und Milieu nicht weiter Rücksicht. Kästner unterhält sich mit sich.

Als Fabian in Berlin auf der Straße einen Verwundeten findet, der von einem Nazi angeschossen worden ist, und bedauert, daß kein Schutzmann in der Nähe ist, läßt Kästner den Verwundeten sagen: »Der hätte mir gerade noch gefehlt! Damit sie wieder einen Proleten einsperren, weil er so unverschämt war, sich von einem Nazi die Knochen kaputtschießen zu lassen.«[2] Ein begabter Prolet.

Oder: Fabian redet mit einem Arzt und meint, es sei verständlich, daß das Volk erregt ist. Darauf der Arzt: »Ja, natürlich. Der Kontinent hat den Hungertyphus. Der Patient beginnt bereits zu phantasieren und um sich zu schlagen.«[3] Der Arzt muß in seiner kargen Freizeit ausschließlich Autorenlesungen von E. Kästner besucht haben.

Ein letztes Beispiel: Fabian lernt ein Mädchen kennen und wundert sich über den Ort dieser Begegnung. Das Mädchen sagt: »Ich bin kein Engel, mein Herr. Unsere Zeit ist mit den Engeln böse.«[4]

Also wenn sie schon kein Engel ist, ist sie immerhin schriftstellerisch begabt.

So, jetzt habe ich doch auch meinen Beitrag zu einer gewissen Art von Müßigkeit geleistet.

Was mich aber, im Rahmen dieses Porträts, an dem Buch »Fabian« wirklich interessiert, ist die persönliche und politische Selbstdefinition Kästners. »Fabian« ist eigentlich so etwas wie ein Trailer für viele Details, besonders für die Gedichte.

Beginnen wir mit den Zielen, die sich Fabian-Kästner gesetzt hatte.

Der Freund des Helden, ein Gegen-Ich, das sich sicher ist, man müsse erst »das System vernünftig gestalten«, worauf sich die Menschen dann »anpassen« werden, ein linker Idealist also, verzweifelt an Fabian.

»Wenn es eine Gärtnerei gäbe, wie ich sie mir erträume! Ich brächte dich, an Händen und Füßen gefesselt, hin und ließe dir ein Lebensziel einpflanzen!«[5]

Fabian erwidert:

»Du willst Macht haben. Du willst, träumst du, das Kleinbürgertum sammeln und führen. Du willst das Kapital kontrollieren und das Proletariat einbürgern. Und dann willst du helfen, einen Kulturstaat aufzubauen, der dem Paradies verteufelt ähnlich sieht. Und ich sage dir: Noch in deinem Paradies werden sie sich die Fresse vollhauen! Davon abgesehen, daß es nie zustande kommen wird . . .«[6]

Kästner war nie Revolutionär. Er war Beobachter, Skeptiker und Formulierer der Skepsis. Er hielt Formulieren von Skepsis für eine Möglichkeit von vielen, einen schriftstellerischen Beitrag zur menschlichen Evolution zu leisten. Es gibt eine Schule der Gesellschaftskritik, die eine solche Position gnadenlos verwirft. Ich halte dieses Verdikt für dumm. Gesellschaftsveränderndes Schrifttum wird, wenn überhaupt, aus einer Summe gänzlich unterschiedlicher Positionen zusammengesetzt sein. Kritik an Gesellschaftskritik ist gefordert, wenn die Vision verdächtig wird, wenn der Verstand nicht ausreicht und die Ehrlichkeit fragwürdig ist.

Fabian-Kästner definierte seine Zerrissenheit: »Ich weiß ein Ziel, aber es ist leider keines. Ich möchte helfen, die Menschen anständig und vernünftig zu machen. Vorläufig bin ich damit beschäftigt, sie auf ihre diesbezügliche Eignung hin anzuschauen.«[7]

Verständlich, daß Kästner von Anfang an von jenen, die auf eine Veränderung des Systems setzten, nicht für ganz voll genommen wurde. Er trug diesen Konflikt aus. Ein Arbeiter beschimpft Fabian als »Bourgeois«.

Fabian sagt:

»Freilich, ich bin ein Kleinbürger, das ist heute ein großes Schimpfwort.«[8]
Und weiter:
»Das Proletariat ist ein Interessenverband. Es ist der größte Interessenverband. Daß ihr euer Recht wollt, ist eure Pflicht. Und ich bin euer Freund, denn wir haben denselben Feind, weil ich die Gerechtigkeit liebe. Ich bin euer Freund, obwohl ihr darauf pfeift. Aber, mein Herr, auch wenn *Sie* an die Macht kommen, werden die Ideale der Menschheit im Verborgenen sitzen und weiter weinen. Man ist noch nicht gut und klug, bloß weil man arm ist.«[9]

Wenn heute Gewerkschaftfunktionäre um jeden Preis eine Wirtschaftpolitik fortgesetzt sehen wollen, die zur inneren und äußeren Vernichtung jenes besseren Lebens (oder gar jedweden Lebens) führt, das erkämpft wurde, wenn die Kälber zum ersten Mal seit Hitler wieder gemeinsame Sache mit dem Metzger machen wollen, dann sei Kästners Schluß fortgesetzt: Man wird auch nicht klüger, wenn man weniger arm wird.
Fabian-Kästner erlebte Berlin. Und Berlin wurde ihm Symbol. Berlin ließ ihn, der mütterliche Provinz oder eine provinzielle Mutter zum Unterkriechen gehabt hätte, fragen:
»Was hatte er hier in dieser Stadt, in diesem ver-

rückt gewordenen Steinbaukasten, zu suchen?
. . . Den Untergang Europas konnte er auch
dort abwarten, wo er geboren war. Das hatte er
davon, daß er sich einbildete, der Globus drehe
sich nur, solange er ihm zuschaue. Dieses lächer-
liche Bedürfnis, anwesend zu sein! Andere hatten einen Beruf, kamen vorwärts, heirateten,
ließen ihre Frauen Kinder kriegen und glaubten,
das gehöre zum Thema.«[10]
Die Stadt Berlin konnte ihn nicht mehr loslas-
sen.
»Hinsichtlich der Bewohner gleicht sie längst einem Irrenhaus. Im Osten residiert das Verbre-
chen, im Zentrum die Gaunerei, im Norden das
Elend, im Westen die Unzucht, und in allen
Himmelsrichtungen wohnt der Untergang.«[11]
Der Untergang war also beschlossene Sache.
Aber was sollte nach dem Untergang kommen?
Dazu sagte Fabian-Kästner:
»Ich fürchte, die Dummheit.«[12]
Kästner fürchtete. Und er sagte es. Der Natio-
nalsozialismus war ihm Untergang und Dumm-
heit in Personalunion.
Fabian wußte daher:
»Daß es mit Deutschland so nicht weitergehen
kann, darüber sind wir uns wohl alle einig. Und
daß man jetzt versucht, mit Hilfe der kalten Dik-
tatur unhaltbare Zustände zu verewigen, ist eine
Sünde, die bald genug ihre Strafe finden wird.«[13]

In seiner Heimatstadt trifft Fabian auf einen alten Kumpan und jungen Nazi. Der kündigt einen »Verzweiflungskampf« an.

Fabian sagt:

»Zum Kampf kommt es erst gar nicht, wenn ihr anfangt. Es kommt gleich zur Verzweiflung.«[14] Und als der Nazi jenes Heldentum, auf das sich unsere Väter nach dem Krieg dann häufig beriefen, mit einem »Dann gehen wir eben unter, kreuznochmal!«[15] ins Spiel brachte, bezweifelte Fabian, ob das »dem ganzen Volk recht«[16] sein konnte.

»Wo nehmt ihr die Dreistigkeit her, sechzig Millionen Menschen den Untergang zuzumuten . . . ?«[17] Erich Kästner war einer, dem der Sinn von Geschichte weit mehr in der Vorschau lag als in der Rückschau. In diesem Gespräch Fabians mit dem Nazi definiert Kästner sein Geschichtsbild, das er konsequent beibehalten sollte.

Als der junge Nazi in Sachen Untergang anmerkt, daß es in der »Weltgeschichte« eben immer so gewesen sei, sagt Fabian-Kästner:

»Und so sieht sie auch aus von vorn bis hinten, die Weltgeschichte! Man schämt sich, dergleichen zu lesen, und man sollte sich schämen, den Kindern dergleichen einzutrichtern.«[18] Man kann verstehen, daß Erich Kästner nicht jenen Lehrerberuf ergriffen hatte, für den er vorgesehen war, sondern einen anderen, für den das Wort »Lehrer« anzuwenden, die Gesellschaft nach wie vor nicht bereit ist. Lehrer, die darauf bestehen, daß auch Lehrer Lehren ziehen, bleiben Außenseiter.

Es gibt auch ein ökonomisches Thema, bei dem ich auf den Lehrer Kästner bestehe. Wir streiten uns heute herum, ob die technische Revolution sich noch selbst regulieren, dem Menschen anpassen kann, oder nicht. Oder ob sie, das ist die Angst, die ich habe, abermals nur über eine Katastrophe regelbar sein wird. Auch wenn jetzt Experten reihenweise antreten und sagen, daß man die Zeiten nicht vergleichen könne, für mich sind die Jahre vor 1930 mit unseren Jahren vergleichbar. Und so bleiben mir die ökonomischen und politischen Probleme der technischen Revolution *damals* beispielhaft.

Fabian-Kästner lernt einen armen, auf Grund seiner Normalität entmündigten alten Techniker kennen, der bald nach der Begegnung wiederum vom Irrenarzt abgeholt werden sollte. Der Techniker sagt:

»Vielleicht verstehen Sie mich, da Sie von Maschinen nichts verstehen . . . Ich bin ein sogenannter Erfinder, Ehrenmitglied von fünf wissenschaftlichen Akademien. Die Technik verdankt mir erhebliche Fortschritte. Ich habe der

Textilindustrie dazu verholfen, pro Tag fünfmal
soviel Tuch herzustellen wie früher. An meinen
Maschinen haben viele Leute Geld verdient, sogar ich . . . Ich erfand friedliche Maschinen und
merkte nicht, daß es Kanonen waren. Das kon-
stante Kapital wuchs unaufhörlich, die Produk-
tivität der Betriebe nahm zu, aber, mein Herr,
die Zahl der beschäftigten Arbeiter nahm ab.
Meine Maschinen waren Kanonen, sie setzten
ganze Armeen von Arbeitern außer Gefecht.
Sie zertrümmerten den Existenzanspruch von
Hunderttausenden. Als ich in Manchester war,
sah ich, wie die Polizei auf Ausgesperrte losritt.
Man schlug mit Säbeln auf ihre Köpfe. Ein klei-
nes Mädchen wurde von einem Pferd niederge-
trampelt. Und ich war daran schuld.«[19]
Wir wissen nicht, ob das Irrenhaus, das diesem
Erfinder zur Heimstatt wurde, anschließend unter Bomben zusammengefallen ist. Wir sollten
nur allen Regierungen dieser Erde, die die Un-
verschämtheit besitzen, des Arbeitslosenpro-
blems nicht Herr zu werden, auffordern, alle ihre Kritiker auch rechtzeitig ins Irrenhaus zu
sperren.
Sonst werden sie bei der Konstruktion der nächsten Katastrophe allzu sehr belästigt.
Fabian hatte, wie sein Autor ihm bescheinigt, eine »moralische Haltung gegen die Konjunktur-
forscher«[20]. Sie bleibt nötig.

Wie wir wissen, bedarf es zum Kursverändern, gar zum grundlegenden Umdenken, sehr stark der öffentlichen Meinung. Wie diese Meinung geprägt wird, auch daran hat sich seit Fabians Gang durch Berlin und vor die Hunde nichts geändert.

Ein Journalist erklärt Fabian:

»Man beeinflußt die öffentliche Meinung mit Meldungen wirksamer als durch Artikel, aber am wirksamsten dadurch, daß man weder das eine noch das andere bringt. Die bequemste öffentliche Meinung ist noch immer die öffentliche Meinungslosigkeit.«[21]

Als Fabian daraufhin das Einstellen des Blattes empfiehlt, fragt der Journalist schlüssig:

»Und wovon sollen wir leben?«[22]

Das Gros der deutschen Medienlandschaft steht vor einem auf. Und Schweiß, aktueller Schweiß, bricht aus, wenn sich in dieser Zeit ein anderer Zeitungsmann selbst definiert. Er weiß, daß er ein »Feigling« ist.

»Mein Charakter ist meinem Verstand in keiner Weise gewachsen. Ich bedaure das aufrichtig, aber ich tue nichts mehr dagegen.«[23]

Wie gerne würde ich diesen Satz drucken und über vielen Redaktionstischen dieses Sprachraums an die Wand nageln lassen.

Wenn ich »Fabian« als Trailer der weiteren Schriften Kästners bezeichnet habe, dann muß dieses Buch auch über den Privatmann, also über den Erotiker Kästner Auskunft geben. Es tut dies im Großen, aber präzis im Detail.

Fabian »betrieb die gemischten Gefühle seit langem aus Liebhaberei«.[24]

Und diese Liebhaberei hatte für ihn Ablenkungs- oder Betäubungsfunktion. Fabian erinnert sich an einen kurzen Urlaub im Ersten Weltkrieg an der Ostsee:

»Zehn passable Frauen waren am Lager, und mit sechsen schlief ich. Die nächste Zukunft hatte den Entschluß gefaßt, mich zu Blutwurst zu verarbeiten. Was sollte ich bis dahin tun? Bücherlesen? An meinem Charakter feilen? Geld verdienen?«[25]

Erich Kästner hat sehr viel anderes getan. Aber diese Art von Flucht blieb ihm ein Ausgleich. Und es war nicht nur Flucht vor der Zukunft.

Im Jahre 1940 versuchte Kästner, der schon lange kein Fabian mehr sein durfte, »mit sich zu korrespondieren«. Er schrieb sich Briefe. Da gibt es eine Stelle, wo er das vorweg bestätigt, was die Partnerinnen heute über ihn sagen:

»Wer Sie [er meint Herrn Kästner – Anm. des Autors] flüchtig kennt, wird nicht vermuten, daß Sie einsam sind; denn er wird Sie oft genug mit Frauen und Freunden sehen. Diese Freunde und Frauen freilich wissen es schon besser, da sie

immer wieder empfinden, wie fremd sie Ihnen
trotz allem bleiben . . . Man hat Sie sogar gehaßt. Das hat Sie geschmerzt, aber nicht ver-
wandelt.«[26]
In einem zweiten Brief an sich selbst nahm Kästner jene Resignation vorweg, die er nach dem
Krieg noch einmal niederkämpfte, oder jedenfalls niederzukämpfen versuchte.
»Der Teufel muß Dich geritten haben, daß Du
Deine kostbare Zeit damit vergeudetest, der
Mitwelt zu erzählen, Kriege seien verwerflich,
das Leben habe einen höheren Sinn als etwa
den, einander zu ärgern, zu betrügen und den
Kragen umzudrehen und es müsse unsere Aufgabe sein, den kommenden Geschlechtern eine
bessere, schönere, vernünftigere, glücklichere
Erde zu überantworten! Wie konntest Du nur so
dumm und anmaßend sein! Warst Du denn nur
deshalb nicht Volksschullehrer geblieben, um es
später erst recht zu werden? Es ist eine Anmaßung, die Welt, und eine Zumutung, die Menschen veredeln zu wollen.«[27]
Fabian Kästner war nicht, wie es der leicht hane-
büchene Schluß des Romanes glauben machen
möchte, als Nichtschwimmer ertrunken. Er fiel
am Anblick des Krieges.

Die gereimten Details

Der als Fabian beschriebene Mensch hat die meisten Gedichte Erich Kästners geschrieben. Vier Bände erschienen in kurzen Zeitabständen vor 1933, danach gab es eine Auswahl, aus der Politik ausgespart war, und nach dem Krieg dann eine Auswahl aus allem bis dahin – »Bei Durchsicht meiner Bücher«.[1]

Der rückschauende Kästner, der Autor der Bilanzen und der erneuten Warnungen hat natürlich auch noch gereimt. Es gibt da einige formal und inhaltlich besonders gelungene Lieder. (Das Wort »Lied« hat mit Vertonung zunächst noch nichts zu tun.)

Aber von der Verteilung der Gewichte her muß die Behauptung erlaubt sein: Der Lyriker Erich Kästner war ein junger Mann.

Die Gedichte zeichnen die Details seines Porträts. Dazu eine Anmerkung: Details seines Porträts hätte ich mir noch von vielen Zeugen seines Lebens erzählen lassen können. Viele, die ihn privat, beruflich oder sonst wie gut gekannt hatten, hätten sich da angeboten, verstehen möglicherweise nicht so recht, nicht befragt worden zu sein. Daher darf ich noch einmal sagen: Ich möchte Kästner nur mit Hilfe der Zitate seiner Arbeiten zeichnen, nur dieses Verfahren halte ich für interessant. Nur diesem Verfahren traue ich zu, Verzeichnungen vermeiden zu können.

Episoden und Anekdoten über und um Kästner sind schon erzählt und gedruckt. Viel zu viel, verglichen mit den Versuchen, sich mit dem Werk selbst auseinanderzusetzen.

Eine epigrammatische Würdigung von »Lessing«[2] bestimmt den Weg, den Kästner sich zumaß.

> »Das, was er schrieb, war manchmal
>   Dichtung,
> doch um zu dichten schrieb er nie.
> Es gab kein Ziel. Er fand die Richtung.
> Er war ein Mann und kein Genie.«[3]

Kästner hat seine Lyrik »Gebrauchslyrik« genannt. Das Wort ist Programm und Selbstdefinition zugleich – also zweifach brauchbar.

In den letzten Jahren war die Formulierung »brauchbare Texte« ja häufig zu lesen. Sie drückte eine linke Anforderung an linke Texte aus. Sie wurde von Linken gebraucht, die beim Nennen des Namens Kästner nur hämisch oder erstaunt reagiert hätten.

Wann ist eine Lyrik »brauchbar«? Wenn sie ab-
lesbar ist, sich mitteilt, so anwendbar wird.
Wenn sie Teil eines Gespräches mit sich und anderen sein kann. Wenn sie vitales, literarisches
Lebenselement wird.
Die Forderungen, die sich da an Form und In-
halt ergeben, sollten klar sein.
Im Begriff »Gebrauchslyrik« steckt die Wir-
kungskomponente Lebenshilfe. Kästner hat das
einmal – eher unglückselig – definiert. Er gab
der – 1936 auf das rein Menschliche reduzierten
– ersten Gedichtesammlung den Titel »Lyrische
Hausapotheke«.[4] Welch eine Vorstellung!
Aber die Denkrichtung ist klar.
In einer »Prosaischen Zwischenbemerkung«[5]
seines zweiten Gedichtbandes las sich das so:
»Die Lyriker haben wieder einen Zweck. Ihre
Beschäftigung ist wieder ein Beruf. Sie sind
wahrscheinlich nicht so notwendig wie die Bäk-
ker und die Zahnärzte; aber nur, weil Magen-
knurren und Zahnreißen deutlicher Abhilfe fordern als nicht-körperliche Verstimmungen.
Trotzdem dürften die Gebrauchspoeten ein biß-
chen froh sein: sie rangieren unmittelbar nach
den Handwerkern.«[6]
Zur selben Zeit war Kästners Wut auf jene literarischen Zeitgenossen, die da meinten »bei der
Ausgießung des Geistes doppelt bedient worden
zu sein«[7], jung und elementar:

»Leider gibt es das noch nicht: die Talentlosen
auf operativem Weg literarisch zeugungsunfähig
zu machen.«[8]
Er konnte nicht wissen, welchen Ton er da an-
schlug.

Kästner wußte (lange danach):
»Formulierung ist heilsam . . . Die Formulie-
rung, die Verallgemeinerung, die Antithese, die
Parodie und die übrigen Variationen der Maß-
stäbe und der Empfindungsgrade, alles das sind
bewährte Heilmethoden.«[9]
So wurde ihm Lyrik zum Hausmittel aus der
Apotheke, beziehungsweise zum Mittel aus der
Hausapotheke.
Er wußte auch andere, begleitende Therapien:
»Man gehe, beispielsweise zu Bett, und lasse
sich links liegen. Man nehme eine Flasche Co-
gnac und deklassiere sie so rasch wie möglich zur
Cognacflasche . . . Außer diesen und anderen
Hausmitteln gibt es dann noch die sogenannten
Außerhausmittel. So kann man etwa den schon
erwähnten Cognac auch in einem Lokal trinken
und auch anderswo schlafen.«[10]
Literatur ist als Medikament eben doch nur be-
dingt einsatzfähig.

Gebrauchslyriker, Chansonschreiber, Bänkel-
sänger werden im deutschen Raum nur selten,

ungern und immer mit Vorbehalt als Vertreter
einer legitimen Sparte der Dichtkunst anerkannt. Zu mächtig ist die Germanistenlobby der
Orakelkacker. Zum Zeitpunkt der Niederschrift
dieses Manuskripts hat der Tiefsinn im deutschen Sprachraum eher gestutzte Stelzen, ist also – wie sein Name schon andeuten sollte –
eher unten. Wer aber deutsche Literaturge-
schichte kennt, muß wissen, daß die notorisch
Bedeutenden sich den Olymp demnächst wieder
von neuem parzellieren werden.

Als ich begann, mich mit Lyrik zu befassen, hatten die Rätselstammler eine beispiellose Kon-
junktur. Es waren Leute wie Kästner, deren
Worte zum Thema junge Menschen vor dem
Verzweifeln am eigenen literarischen Verstand
bewahrten. Auch dazu ein nachgelieferter Dank
für einen Satz wie diesen:

»Gibt es etwas Alberneres als diese Grossisten
der Intuition? Je unbegabter sie sind, umso
mehr prahlen sie mit ihren mystischen Beziehungen. Dabei verwechseln sie offensichtlich eine ganz gemeine Produktionsnervosität mit pro-
phetischem Bauchgrimmen. Wo käme der Heilige Geist hin, wenn er bei jedem Reim persönlich
anwesend sein müßte?«[11]

Daß die Gebrauchslyrik in der Literaturwissenschaft keinen Rang hat, ist einsehbar. Bei My-
thenmischern gibt es eine Menge zu vermuten

und zu interpretieren. Gebrauchslyrik schafft
auf diesem Sektor Arbeitsplätze ab.
Freilich: Im Rahmen des Kunstgewerbes gäbe es
andere Kriterien zu diskutieren. Zum Beispiel
Weltanschauung, Handwerk und Geschmack.
Aber vor allem der dritte dieser Begriffe gilt als
absolut unakademisch.

Kästners Lyrik fiel unter das Etikett »Neue
Sachlichkeit«. Ein Begriff wie viele, die schon
ein paar Jahre später − wenn der Tagesstreit der
Moden vergessen ist − ihren Sinn verloren haben. Denn so »neu« war diese Sachlichkeit
nicht, es handelte sich um einen Grundton deutscher Dichtung seit jeher, und so »sachlich« war
sie auch nicht. Denn das Entscheidende ihrer
sprachlichen Manier ist Unsachlichkeit: wenn
nämlich Dinge und Abstrakta fühlen und agie-
ren, sich menschlich verhalten.
Da gehen Laternen zu Besuch, da sind Häuser
krank, da winken Astern, da schminken sich
Gärten, da gähnt ein Koffer, da ist der Verstand
noch in Unterhosen, da ist das Himmelblau wieder repariert, da wird eine Stimmung durch ein
Sieb geschüttet, da gibt der Herbst dem Wind
die Sporen, da stehen zwei Betten Hand in Hand
und da werden der Zukunft die Füße kalt.
Dies und unendlich mehr ist vollendet unsach-
lich. Gemeint mit dem Begriff ist, daß Poesie

sich nicht poetisch gibt, sondern sich als selbstverständlich begreift. (Siehe dann auch »Reim« und »Sangbarkeit«). Die »Neue Sachlichkeit« war für einen Kenner Heines eine alte Selbstverständlichkeit. Daß viele der zeitbezogenen Gedichte »zur Sache« gingen, ist wieder eine andere Sache.

Im Wort »Gebrauchslyrik« stecken auch Aufforderung zu Haltung und Meinung, Ermutigung, Belehrung, verbale Vernichtung von Feindbildern, kurz: das Spektrum Satire.

Für den Menschen schreibt einer, der den Menschen liebt. Aber der Mensch *ist* ja nicht zu lieben! In diesem Dilemma reißt es diese Art von Dichtung hin und her.

»Und weil die Welt bewohnt wird, ist sie leer.«[12]
»Es lohnt sich nicht, die Menschen zu verachten.«[13]

Nicht einmal das lohnt sich?

Keine Angst, programmatische Zeilen dieser Art heben einander auf.

Die Intelligenz eines Satirikers läßt ihn mit Resignation beginnen. Die Moral eines Satirikers läßt diese Resignation als Haltung jedoch nicht zu.

Sie wäre ja auch − wirklich gelebt − suizid.

In »Warnung vor Selbstschüssen«[14] gibt Kästner − wahrscheinlich sich − den Rat: »Bleib am Leben, sie zu ärgern!«[15]

»War dein Plan nicht irgendwie
alle Menschen gut zu machen?
Morgen wirst du drüber lachen.
Aber, bessern kann man sie.«[16]

Die gewählte Methode ist das Aufzeigen des Ne-
gativen und damit der Kampf gegen die Menschen.
Was folgt ist die hysterische Frage des Publi-
kums, wo denn das »Positive« bliebe.
Kästner hat sie in einem fast schon zu Tode zitierten Gedicht beantwortet.
»Ja, weiß der Teufel, wo das bleibt.«[17]
Es gibt Menschen, die Schwierigkeiten haben,
derartige »Gedichte« Gedichte zu nennen. Die
Schwierigkeit kommt nicht von der dichterischen Substanz, sondern von der Tonart. Für
mich ist das alles Ergebnis der mit Dichtung in
deutscher Sprache eng verbundenen Angst vor
Ehrlichkeit. Bilder, die sich so klar ausstellen
wie etwa in der Manier Kästners, werden rasch
als zweifelhaft empfunden.
Es sind dieselben Bilder, vor denen, sind sie nur
unklarer, versteckter, verblasener, die Kenner
notorisch Ehrfurchtshaltungen einnehmen.
Wenn Kästner schreibt, »Die Seelen laufen Stelzen durch die Stadt«[18], kann man das schön finden oder — mit gutem Grund — zusammenzuk-
ken. Nur, wenn man letzteres tut, dann werden

sich bei parallel verschobener Anschauungsart
die Größen der deutschen Poesie drastisch reduzieren.

Wesen des von Kästner benützten Dichtertons
sind Metrum und Melodie, Rhythmus und
Reim. Kästner war Verseschmied, Reimer.
Die Vorwürfe gegen den Reim sind bekannt. Er
führt zur Glätte, zwingt in Konventionen, läßt
naturgesetzlich verschiedene Wortwerte nicht
mehr zu.
Richtig ist eben aber auch das Gegenteil. Wie jeder Formzwang, führt auch der Reimzwang zu
neuen Herausforderungen.
Die Verpflichtung, Gedanken, Stimmungen, Situationen einem Formprinzip hinzugeben, kann
zu sprachlichen Lösungen führen, die über die
des direkten, freien Tonfalls hinausgehen.
Es ist eine Frage des Autorentyps, seines sinnli-
chen Verhältnisses zu Sprache, seines ganz per-
sönlichen Talents, wie da die Entscheidungen
fallen. Vorgefaßte Urteile, verpflichtende Moden sind lächerlich.
Ein Mensch ist ein Mensch und eine Form ist eine Form. Jeder kann sehen und lesen, was zu-
sammenstimmt und was nicht.
Der Reim kann auf ganz verblüffende Weise
Wahrheiten fixieren, die jeder kennt, die aber
niemandem klar sind. Der Reim kann so un-

übersehbar ausstellen, erhellen. Er ist so etwas
wie ein Auslage der Sprache.

Ich möchte für das, was ich Chance des Form-
zwanges nenne, vorweg ein Beispiel für viele
mögliche geben.

In dem − sehr schönen − »Hotelsolo für eine
Männerstimme«[19] braucht der Mann von den
zwei Betten nur eines, weil er »schon wieder mal
alleine«[20] ist:

> »Der Koffer gähnt. Auch mir ist müd zumute.
> Du fuhrst zu einem ziemlich andren Mann.
> Ich kenn ihn gut. Ich wünsch dir alles Gute.
> Und wünsche fast, du kämest niemals an.«[21]

». . . du fuhrst zu einem ziemlich andren
Mann«[22] ist eine, in ihrer Gebrochenheit, magi-
sche Formulierung. Ein »ziemlich andrer
Mann«.

Zu schreiben war: Du fuhrst zu einem andern
Mann. Und so hätte es jeder, auch Kästner notiert, wenn da nicht der Formzwang zu zwei Silben mehr dagewesen wäre.

»Du fuhrst zu einem andern Mann« war zu ver-
längern. So eine äußerliche Verpflichtung finden nur Dilettanten ärgerlich. Zumal sie mit
Recht annehmen, daß sie die Chance der zwei
Silben nicht wahrnehmen können.

Es hätte sich eine Menge angeboten:

Du fuhrst zu einem andern jungen / alten / dum-

men / falschen / schwachen / starken / usf. Mann.
Du fuhrst zu bald / zu früh / zu recht / zu rasch / zu
gern / usf. zu einem andern Mann.
Man hätte variieren können:
Du fuhrst – ich weiß – zu einem andern Mann.
Vorbei. Du fuhrst zu einem andern Mann.
Verdammt. Du fuhrst . . .
Nein. Alles, was sich anbietet führt zum Ver-
such, die Art und Weise des »Andersseins« des
anderen Mannes anzudeuten.
Ein gänzlich / völlig / leider / gräßlich / nicht sehr /
gar nicht andrer Mann hätte es sein können.
Aber der Autor wußte, ein anderer Mann ist ein
anderer Mann, doch schafft die Auswechselbar-
keit vor der Frau eine gewisse Nähe der beiden
Männer.
Von dieser Nähe möchte sich der betroffene
Mann, der, der allein ist, aber distanzieren. Soweit es seine Vernunft zuläßt. Der andere Mann
wird so ein »ziemlich anderer« Mann. Die Form
führte zum Zwischenton.
Bevor wir Kästners Lyrik auf ihre Brauchbarkeit
untersuchen, rasch noch eine Polemik, die mit
einer weiteren Brauchbarkeit zusammenhängt.
Kästners Lyrik ist, aus erwähnten Gründen,
sangbar. Seine Gedichte sind überwiegend Liedtexte, seine Liedtexte sind überwiegend Gedichte.
Kästner wird von Leuten gesungen, die derglei-

chen singen können und sollen. Kästner wird
auch von Leuten gesungen, die − in Ermange-
lung eigener Gedanken − alles singen, was es
gibt, so auch Kästner. Und diese Leute pflegen
sich, auf Kästners Texte immer wieder neue Me-
lodien zu machen oder machen zu lassen. Der
Versuch des Vertreters der Erben, ein System in
die Sache zu bringen, scheint scheitern zu müssen. Zu attraktiv sind diese Gedichte für Bardin-
nen und Barden. Zu unwillig sind die, sich an
Spielregeln oder Urheberrechte zu halten.
Ich bin sicher, daß manche der Gedichte Kästners schon über dreißigmal vertont wurden.
Teils autorisiert, teils nicht. Das führt dazu, daß
es viele inadäquate Vertonungen gibt, das führt
aber auch dazu, daß es hervorragende Vertonungen gibt, von denen keiner etwas weiß, die
nicht verlegt werden, die nicht weiterverwendet
werden, die morgen schon wieder durch eine un-
sinnige neue Vertonung ersetzt werden. So hat
kein einziges Kästner-Gedicht eine Identität als
Lied. Man läßt sich »Der Mond ist aufgegangen«
ja auch nicht in mehreren Versionen bieten,
warum dann die »Sachliche Romanze«?[23]
Man sollte endlich einmal das Album mit den
Vertonungen Edmund Nicks[24] neu auflegen.
Nicks Kompositionen haben jedenfalls den Reiz
der stilistischen Authentizität, des entsprechen-
den musikalischen Zeitgefühls. Wo es neue, gu-

te Vertonungen gibt, sollte man sie sammeln, ein ausgewähltes Liederalbum zusammenstellen. Es müßte doch möglich sein, ein Kästner-Gedicht so als Lied durchzusetzen, wie das – ein Beispiel von vielen – mit »Les feuilles mortes« von Jacques Prevert gelang.

So bleibt es zu traurig: Von einem der besten Liedertextmacher – um im Jargon zu bleiben – dieser Sprache, existiert kein Lied.

Kästners Gedichte, wie sie mir am wichtigsten sind, beginnen mit der Aufarbeitung der Katastrophe des Ersten Weltkriegs, suchen in den sozialen Zuständen die Wurzeln der totalitären Heilslehre und legen sich, was deren Berechtigung und Ende betrifft, fest.

Sein Jahrgang war der »Jahrgang 1899«[25]. Was mit diesem Jahrgang geschah, was aus diesem Jahrgang werden sollte, das wollte er sagen und wissen:

> »Man hat unsern Körper und hat unsern Geist
> ein wenig zu wenig gekräftigt.
> Man hat uns zulange, zu früh und zumeist
> in der Weltgeschichte beschäftigt.
>
> Die Alten behaupten, es würde nun Zeit
> für uns zum Säen und Ernten.
> Noch einen Moment. Bald sind wir bereit.
> Noch einen Moment. Bald ist es soweit!
> Dann zeigen wir euch, was wir lernten!«[26]

»Bald« und »dann« steht hier. Kästners politische Gedichte sind fast immer Projektionen.
Das hätte sie damals brauchbar gemacht, das
macht sie — als Modell — brauchbar für immer.
Man nehme »Weltgeschichte« nicht als Kriegs-
geschichte, sondern als die Summe historischer
Vorgaben, die auf eine Generation kommen.
Man sage — zum Beispiel — für die heute Drei-
ßigjährigen »Atomgeschichte«. Genügt schon.

Das Gedicht »Die andre Möglichkeit«[27] war das
härteste, was man dem deutschen Militarismus
antun konnte.
Es behauptete — sehr glaubwürdig, und ich ersu-
che, sich vorzustellen, wieviel Mut dieser junge
Autor in diesem Land gehabt haben mußte —
das Verlieren des Ersten Weltkrieges wäre noch
das kleinere Übel gewesen.

> »Wenn wir den Krieg gewonnen hätten,
> mit Wogenprall und Sturmgebraus,
> dann wäre Deutschland nicht zu retten
> und gliche einem Irrenhaus.
>
> . . .
>
> Wenn wir den Krieg gewonnen hätten,
> dann wär der Himmel national.
> Die Pfarrer trügen Epauletten.
> Und Gott wär deutscher General.
>
> . . .

Dann würde auf Befehl geboren.
Weil Menschen ziemlich billig sind.
Und weil man mit Kanonenrohren
allein die Kriege nicht gewinnt.

Dann läge die Vernunft in Ketten.
Und stünde stündlich vor Gericht.
Und Kriege gäb's wie Operetten.
Wenn wir den Krieg gewonnen hätten —
zum Glück gewannen wir ihn nicht!«[28]

Wenn man den jüngsten Meinungsumfragen, nationalsozialistisches Gedankengut betreffend, folgt, dann müßte man dieses Gedicht nur konsequent propagieren, um Erich Kästner vollkommen unmöglich zu machen.
Kästner hat die Pointe dieses Gedichtes später aufgehoben. Die deutschen Generäle hätten nämlich nie einen Krieg verloren, ließ er mitteilen, denn sie würden — bei Bedarf — selbstverständlich auch »ein drittes Mal siegen.«

Ein Kästnersches Leitmotiv, das Versagen der Pädagogen, war auch in der Lyrik von diesem Anfang an da. Die »Primaner in Uniform«[29] erfuhren, wieder war einer gefallen.

»Der Rektor dankte Gott pro Sieg.
Die Lehrer trieben Latein.
Wir hatten Angst vor diesem Krieg.
Und dann zog man uns ein.

Wir hatten Angst. Und hofften gar,
es spräche einer Halt!
Wir waren damals achtzehn Jahr,
und das ist nicht sehr alt.

Wir dachten an Rochlitz, Braun und Kern.
Der Rektor wünschte uns Glück.
Und blieb mit Gott und den andern Herrn
gefaßt in der Heimat zurück.«[30]

»Gott« wird erwähnt. Noch häufig in diesem Zusammenhang. So in »Stimmen aus dem Massengrab (für den Totensonntag, anstatt einer Predigt)«[31]:

»Da liegen wir und gingen längst in Stücken.
Ihr kommt vorbei und denkt: sie schlafen fest.
Wir aber liegen schlaflos auf dem Rücken,
weil uns die Angst um Euch nicht schlafen
 läßt.

Wir haben Dreck im Mund. Wir müssen
 schweigen.
Und möchten schreien, bis das Grab
 zerbricht!
Und möchten schreiend aus den Gräbern
 steigen!
Wir haben Dreck im Mund. Ihr hört uns nicht.

Ihr hört nur auf das Plaudern der Pastoren,
wenn sie mit ihrem Chef vertraulich tun.

Ihr lieber Gott hat einen Krieg verloren
und läßt Euch sagen: Laßt die Toten ruhn!

Ihr dürft die Angestellten Gottes loben.
Sie sprachen schön am Massengrab von
   Pflicht.
Wir lagen unten, und sie standen oben.
›Das Leben ist der Güter höchstes nicht.‹

Da liegen wir, den toten Mund voll Dreck.
Und es kam anders, als wir sterbend dachten.
Wir starben. Doch wir starben ohne Zweck.
Ihr laßt euch morgen, wie wir gestern,
   schlachten.

Vier Jahre Mord, und dann ein schön
   Geläute!
Ihr geht vorbei und denkt: sie schlafen fest.
Vier Jahre Mord, und ein paar Kränze heute!
Verlaßt Euch nie auf Gott und seine Leute!
Verdammt, wenn Ihr das je vergeßt!«[32]

Die letzte Zeile schickt sich an, abermals müßig
zu werden.
Kästner ist als Zeuge brauchbar. Wie und wodurch hat die Kirche ihre Glaubenswilligen ver-
raten und verloren? Ein »Zitat aus großer
Zeit«[33] gibt Antwort:

»Ein Pastor, der in der Heimat klebte,
   sagte seinerzeit ungefähr:

›Wenn unser Herr Jesus heute lebte,
bediente er ein Maschinengewehr!‹

Kann keiner des Pastors Adresse besorgen?
Weiß sie denn niemand? Wo wohnt der
   Mann?
Wenn ich wüßte – ich führe noch morgen
zu ihm und böte ihm Ohrfeigen an.

Wir müßten Kette vor seinem Haus stehn!
Hier unsre Hände, dort sein Gesicht.
Sie können meinen Vorschlag nicht ausstehn?
Er ist nicht fein? Nein, fein ist er nicht.

Sie glauben, der Ausspruch sei nie gefallen,
sondern erfunden oder entstellt?
Das Schlimmste an diesen Zitaten allen
ist, daß man sie für möglich hält.«[34]

Auch diese letzte Behauptung stimmt im Kern
noch heute.
Mit Gott, der in bestimmten Zeiten bekanntlich
immer Eisen wachsen ließ, hatte Kästner weiterhin nichts im Sinn:

»Der Mensch ist gut! Da gibt es nichts zu
   lachen!
In Lesebüchern schmeckt das wie Kompott.
Der Mensch ist gut. Da kann man gar nichts
   machen.
Er hat das, wie man hört, vom lieben Gott.«[35]

Nun gibt es aber Kriege und das »Gesetz der
Schwere« der Moral, nachdem »der schlechte
Kerl« »hoch kommt« und »der Gute fällt«.

> »Das ist so, wie es ist, geschickt gemacht.
> Gott will es so. Not lehrt bekanntlich beten.
> Er hat sich das nicht übel ausgedacht
> und läßt uns um des Himmels Willen treten.«[36]

Das ist keine verbiesterte Gottlosigkeit. Das ist
Ergebnis eines Naturgesetzes. Kirchenschänder
dieser Wut sind tief verletzte Beter.
Eine *Kirche des Friedens* und der sozialen Gerechtigkeit hätte einen Erich Kästner niemals
zum Feind gehabt.
»Dem Revolutionär Jesus zum Geburtstag« [37]
bestätigte er:

> »Du warst ein Revolutionär
> und machtest dir das Leben schwer
> mit Schiebern und Gelehrten.
> Du hast die Freiheit stets beschützt
> und doch den Menschen nichts genützt.
> Du kamst an die Verkehrten!
>
> Du kämpftest tapfer gegen sie
> und gegen Staat und Industrie
> und die gesamte Meute.
> Bis man an dir, weil nichts verfing,
> Justizmord, kurzerhand, beging.
> Es war genau wie heute.

Die Menschen wurden nicht gescheit.
Am wenigsten die Christenheit,
Trotz allem Händefalten.
Du hattest sie vergeblich lieb.
Du starbst umsonst. Und alles blieb
beim alten.«[38]

Kästner hat Jesus als Sozialrevolutionär begriffen. War er selbst einer? War er als Sympathisant der Sozialrevolutionäre entschieden genug?
Von Fabians Skepsis haben wir gelesen. Wen fragen? Ich meine, im Zweifelsfall immer den hinterlassenen Text. Und es stellt sich heraus — man mußte nie eingeschriebener Marxist sein, um für die armen Teufel gegen die reichen Teufel zu sein.
Kästners »Knigge für Unbemittelte«[39] zeigt:

»Und wenn sie euch den Lohn entzögen!
Und wenn der Schlaf verboten wär!
Und wenn sie euch so sehr belögen,
daß sich des Reiches Balken bögen!
Seid höflich und sagt Dankesehr.

. . .

Ihr sollt nicht denken, wenn ihr sprecht!
Gehirn ist nichts für kleine Leute.
Den Millionären geht es schlecht.
Ein neuer Krieg käm ihnen recht.
So macht den Ärmsten doch die Freude!«[40]

Er konnte nicht wissen, daß wirklich so viele bereit waren, die Freude zu machen.
Es gibt auch einen »Hymnus auf die Bankiers«[41]:

> »Ihr Appetit ist bodenlos.
> Sie fressen Gott und die Welt.
> Sie säen nicht. Sie ernten bloß.
> Sie schwängern ihr eignes Geld.«[42]

Wie häufig ersetzt eine exakte Zeile — wie die
vom Schwängern eigenen Geldes — eine ganze
ökonomische Theorie.

Und die »Ansprache an Millionäre«[43]; ist das
nicht ein brennend aktuelles Gedicht? Wenn-
gleich ich der Notwehr nicht mehr jene prakti-
schen Chancen einräume, die hier skizziert werden:

> »Warum wollt ihr solange warten,
> bis sie euren geschminkten Frauen
> und euch und den Marmorpuppen im Garten
> eins über den Schädel hauen?
>
> . . .
>
> Wie lange wollt ihr euch weiter bereichern?
> Wie lange wollt ihr aus Gold und Papieren
> Rollen und Bündel und Barren speichern?
> Ihr werdet alles verlieren.

Ihr seid die Herrn von Maschinen und
  Ländern.
Ihr habt das Geld und die Macht genommen.
Warum wollt ihr die Welt nicht ändern,
bevor sie kommen?«[44]

Mir fallen die Energie-Multis ein bei folgendem
Vers. Sitzt dieser Vers nicht unglaublich:

»Der Mensch ist schlecht. Er bleibt es künftig.
Ihr sollt euch keine Flügel anheften.
Ihr sollt nicht gut sein, sondern vernünftig.
Wir sprechen von Geschäften.«[45]

Die Sache mit den »Geschäften« ist eben nach
wie vor nicht eindeutig. Geschäfte, die zwangs-
läufig in die Katastrophe führen, sind die größe-
ren. Wenn nun Geschäftemacher den Glauben
haben, ihnen könne die Katastrophe nichts an-
haben, im Gegenteil, der Wiederaufbau danach
wäre die nächste sichere Marktchance, bleibt
Kästners Appell wirkungslos.
Ich selbst bin davon überzeugt, daß es Wirt-
schaftstheoretiker gibt, die zu bedenken geben,
wie sehr doch arbeitslose jugendliche Randalie-
rer die Arbeitsplätze bei der Polizei sichern.

Es ist mir ein Bedürfnis, das links und rechts
gleichermaßen ahnungslose Publikum daran zu

erinnern, wie hart dieser Kästner agitiert hat.
Sein »Offner Brief an Angestellte«[46] müßte heute von jeder Gewerkschaft sofort zensuriert werden. Da werden nämlich »Vorgesetzte« so beschrieben:

> »Sie sind fett aus Überzeugung.
> Und der bloße Anblick schon
> zwingt uns andre zur Verbeugung.
> Korpulenz wird Religion!«[47]

Daher:

> »Nagelt ihnen auf die Glatzen
> kalten Braten und Coupons!
> Blast sie auf, und wenn sie platzen!
> Gibt es schönre Luftballons?
>
> Laßt sie steigen und sich blähen,
> über Deutschland, hoch im Wind!
> Bis sie alles übersehen,
> weil sie Aufsichtsräte sind.
>
> Wenn sie eines Tags verrecken,
> stopft sie aus und weckt sie ein!
> Tiere kann man damit necken,
> Kinder kann man damit schrecken,
> aber euch? Ich hoffe: Nein!«[48]

Die Beschreibung dieses Typs ist natürlich heute
nur noch sehr bedingt brauchbar. Denn die

Möglichkeiten der Verwechslung mit Gewerk-
schaftsfunktionären sind zu vielfältig.

Satire ist gut beraten, wenn sie *die* Welt und *den*
Menschen den großen Olympiern überläßt und
sich mehr mit einem Land zur Zeit und mit dessen Zeitgenossen beschäftigt. Es stellt sich ja
sehr häufig heraus, daß der große Versuch der
allumfassenden Beschreibung für keinen noch
so kleinen Geschichtsraum stimmt, während das
kleine Tagesporträt hochgerechnet zu einem hu-
manen Prototyp wird.
Mein Beispiel hier sind Kästners »Zeitgenossen,
haufenweise«:[49]

> »In ihren Händen wird aus allem Ware.
> In ihrer Seele brennt elektrisch Licht.
> Sie messen auch das Unberechenbare.
> Was sich nicht zählen läßt, das gibt es nicht!
> . . .
>
> Sie loben unermüdlich unsre Zeit,
> ganz als erhielten sie von ihr Tantiemen.
> Ihr Intellekt liegt meistens doppelt breit.
> Sie können sich nur noch zum Scheine
>   schämen.«[50]

Es ist nur noch mit Mühe zu glauben, daß diese
Verse nicht in den 70er Jahren entstanden sind.[51]
Kästner schreibt dann noch:
    »Man sollte kleine Löcher in sie schießen!«[52]

Aber das sollte ich wahrscheinlich nicht zitieren.
Sonst findet sich womöglich ein journalistischer
Parkwächter der Herrschenden, der Erich Kästner der Aufforderung zum Mord zeiht. Aber
nein! Dergleichen macht man ja nur mit leben-
den Autoren, deren Ruf noch zu morden wäre.
Auch den Typ des Parlamentariers, an dem wir
zur Zeit wieder einmal zugrunde gehn, hat Kästner in seinem »Lob der Volksvertreter«[53] exakt
beschrieben.

> »Sie fürchten Spott, sonst nichts auf dieser
>   Welt!
> Und wenn sie etwas tun, dann sind es Fehler.
> Es ist, zum Glück, nicht alles Hund, was bellt.
> Sie fürchten nur die Wahl und nicht die
>   Wähler.«[54]

Besonders die letzte Zeile dieser Strophe be-
schwört in genialer Genauigkeit den Fehler im
System der Gefälligkeitsdemokratie − zum Unterschied von der wahren. Ich könnte mir dieses
Gedicht prächtig als Textinsert über dem Anblick eines Hohen Hauses anläßlich einer Bun-
destagsdebatte vorstellen.
Kästner hat − wenn man die Zitate sorgsam ord-
net − sehr genau eine Zeit gesehen, deren So-
zialmoral und deren ökonomisches Bewußtsein
in Rüstung mündeten. Und er begriff die Her-

vorbringungen der Rüstungsindustrie als Basis
für den Untergang Deutschlands.

Es gibt Wortspiele, die sich so anbieten, daß sie
− kaum sind sie gemacht − schon konventionell
wirken. Weil fällig, weil logisch, weil unver-
meidbar.
Nur, diese erhabene Nachrede ist eben eine Rede danach. Zuerst muß das Sprachspiel einmal
einer machen, erst einmal in den Dienst seiner
Meinung, seiner Haltung stellen.
So gibt es von Kästner die Variation einer klassischen Zeile, die heute kaum mehr greift, wenn-
gleich stimmt, damals aber enorm gegriffen haben muß:
»Kennst Du das Land, wo die Kanonen
blühn?«[55]
Dieser Gedichttitel, diese erste Zeile ist ein
Schulbeispiel satirischer Methodik. Die Entwei-
hung der klassischen Zeile verärgert an sich, das
neu eingesetzte Wort quadriert den Ärger und
die Tatsache, daß die Zeile in ihrem neuen
Wortlaut stimmt, macht − je nachdem − schäu-
mend oder betroffen.
Danach kommen schöne Strophen, denn es handelt sich um ein Land, das »glücklich sein und
glücklich machen« könnte. Bedauerlicherweise
gibt es aber dort alles, was auch für den Natio-
nalsozialismus so wichtig war:

Daß die »Prokuristen stolz und kühn in den Bü-
ros« stehen, »als wären es Kasernen«; daß »unterm Schlips Gefreitenknöpfe« wachsen, daß
man dort »unsichtbare Helme« trägt, daß dort
Kinder »mit kleinen Sporen« auf die Welt kommen und daß das »Kind in jedem zweiten Mann«
»mit Bleisoldaten« spielen will.

>   »Dort reift die Freiheit nicht. Dort bleibt sie
>   grün.
>   Was man auch baut − es werden stets
>   Kasernen.
>   Kennst Du das Land, wo die Kanonen blühn?
>   Du kennst es nicht? Du wirst es kennen-
>   lernen!«[56]

War ziemlich unmißverständlich, diese letzte
Zeile. Aber »Große Zeiten«[57] sind eben nicht
aufzuhalten. »So groß wie heute war die Zeit
noch nie«, stellte Kästner in einem Gedicht fest
und folgerte:

>   »Wer warnen will, den straft man mit Ver-
>   achtung.
>   Die Dummheit wurde zur Epidemie.
>   So groß wie heute war die Zeit noch nie.
>   Ein Volk versinkt in geistiger Umnachtung.«[59]

Ich möchte nicht verschweigen, daß Kästner
manchmal auch Sprachtechniken eines schwä-

cheren Conferenciers bemühte. Gerade in diesem Gedicht »schlägt im Blätterwald« »der Optimistfink«[60]. Aber derartige Ausrutscher sind selten.

Doch das war geschrieben: »Ein Volk versinkt in geistiger Umnachtung«[61]. Kästners schriftstellerische Existenz war nicht die eines täglichen Abwehrkampfes gegen die Nazis, sonst wäre sein Überleben in Deutschland unerklärbar. Aber sie ließ an Deutlichkeit nie fehlen.

Für uns wirkt es heute natürlich fast lächerlich, wenn wir nachlesen, wie Kästner 1930 in einem um sich schlagenden »Brief an den Weihnachtsmann«[62] diesen Wunsch deponierte:

»Und nach München lenk die Schritte,
wo der Hitler wohnen soll.
Hau dem Guten, bitte, bitte,
den Germanenhintern voll!«[63]

Folgendes Lied war »Ganz rechts zu singen«[64]:

»Stoßt auf mit hellem, hohem Klang!
Nun kommt das Dritte Reich!
Ein Prosit unserm Stimmenfang!
Das war der erste Streich!

Der Wind schlug um. Nun pfeift ein Wind
von griechisch-nordischer Prägung.
Bei Wotans Donner, jetzt beginnt
die Dummheit als Volksbewegung.

. . .

Kein schönrer Tod ist auf der Welt
als gleich millionenweise.
Die Industrie gibt uns neues Geld
und Waffen zum Selbstkostenpreise.«[65]

Der Ordnung halber: Dieses Lied findet sich erst
in »Bei Durchsicht meiner Bücher«[66], in den Ly-
rikbänden vor 1933 steht es nicht.

Ich halte einen Aspekt des Antinazismus des
Erich Kästner für entscheidend wichtig: Kästner
prophezeite kein Regime des Verbrechens, er
prophezeite geradezu stereotyp ein Regime der
Dummheit. Am Beginn des Völkermordes steht
die Dummheit und alle ihre Synonyme. Das ist
wichtig, wenn wir – für unsere Zeit – wieder
von brauchbaren Gedichten sprechen wollen.
Der Vorwurf an Regierungen, sie wären verbrecherisch, wenn sie weiterrüsten, ist nicht wirklich brauchbar – wahr schon, aber nicht brauchbar –, denn den Vorwurf, Verbrecher zu sein,
weisen diese Staatsmänner mit großer Geste von
sich.
Mit dem Vorwurf der Dummheit ist das nicht so
einfach. Hier wäre ja immer der historische
Wahrheitsbeweis anzutreten. Daß für einen
Sänger der menschlichen Vernunft Dummheit
die Basis des Verbrechens ist, daß da ein un-

trennbarer Zusammenhang besteht, könnte
dann der Anwalt im Plädoyer auszuführen versuchen.

Also: Auch dieses »Marschliedchen«[67] begleite-
te den schwellenden Aufmarsch der Nazis:

> »Ihr und die Dummheit zieht in Viererreihen
> in die Kasernen der Vergangenheit.
> Glaubt nicht, daß wir uns wundern, wenn ihr
>   schreit.
> Denn was ihr denkt und tut, das ist zum
>   Schreien.
>   . . .
> Ihr liebt den Haß und wollt die Welt dran
>   messen.
> Ihr werft dem Tier im Menschen Futter hin,
> damit es wächst, das Tier tief in euch drin!
> Das Tier im Menschen soll den Menschen
>   fressen.
>   . . .
> Wie ihr's euch träumt, wird Deutschland nicht
>   erwachen.
> Denn ihr seid dumm, und seid nicht auser-
>   wählt.
> Die Zeit wird kommen, da man sich erzählt:
> Mit diesen Leuten war kein Staat zu
>   machen!«[68]

Wieviele Menschen wohl vor 1933 dieses Gedicht gelesen hatten, die immer der Meinung

blieben, nie die Gelegenheit gehabt zu haben,
etwas zu ahnen?

Die politische Prophetie in Kästners Lyrik endete nicht mit dem Zweiten Weltkrieg. In »Das
letzte Kapitel«[69] befaßt sie sich mit dem futuristi-
schen Datum »12. Juli 2003«. Die »Weltregie-
rung« hat die Ausrottung der Menschheit beschlossen. Mit »Giftgas«. Dieses Gas, das »in jedes Versteck« kriecht, hat eigentlich alle, zur
Zeit der Neutronenbombe nachgerühmten Eigenschaften.

> »Die Menschen lagen gebündelt wie faulende
> Garben.
> Andre hingen wie Puppen zum Fenster hin-
> aus.
> Die Tiere im Zoo schrien schrecklich, bevor
> sie starben.
> Und langsam löschten die großen Hochöfen
> aus.
>
> . . .
>
> Jetzt hatte die Menschheit endlich erreicht,
> was sie wollte.
> Zwar war die Methode nicht ausgesprochen
> human.
> Die Erde war aber endlich still und zufrieden
> und rollte,
> völlig beruhigt, ihre bekannte elliptische
> Bahn.«[70]

Das Gedichte-Schreiben war für Kästner nicht
Teil, eher Voraussetzung einer schriftstellern-
den Existenz. Er hat sich später einmal mit der
Bemerkung eines Autors auseinandergesetzt,
nach der ein Schriftsteller, der nie ein Gedicht
geschrieben hat, kein Schriftsteller sei. Kästner
sagte dazu:
»Wer kennte nicht, in Vergangenheit und Gegenwart, höchst anerkannte und anerkennens-
werte Autoren, die es nie zum lyrischen Ausdruck gedrängt hat? Trotzdem beschäftigte mich
der Ausspruch sehr lange . . . Ich empfand und
empfinde etwa das Folgende: ›Die Behauptung
ist zwar nicht richtig. Sie stimmt nicht. Aber sie
ist — wahr‹«[71].

Es gibt von Kästner natürlich auch Stimmungs-
und Naturlyrik. Kühl bis sentimental, ironisch
bis zärtlich. Wenn sie laut gelesen wird und von
einem musikalischen Menschen, dem es überhaupt keine Mühe macht, sie quasi wie Prosa zu
lesen, hat sie ihren größten Reiz.
Kästner war — das ist bitte ein organisatorischer
Begriff! — Kaffeehausliterat. Ein Mensch, der
ins Kaffeehaus geht, geht. Manchmal hin,
manchmal her, manchmal direkt, manchmal auf
gigantischen Umwegen.
Er merkt sich, was er nachgefühlt, vorgefühlt, gesehen oder assoziiert hat. Sein Spaziergang wird

Literatur, seine Literatur zum Spaziergang.
Und es ist wie beim Zeichnen: Der Skizzenblock
Sprache kennt Fehlversuche und geniale Würfe.
Kästner geht viele Reime lang durch Straßen,
Wetter, Jahreszeiten und Stimmungen. Er be-
schreibt sich mit diesen Gängen. Das heißt, er
nimmt sich wichtig. Aber so, wie er sich be-
schreibt, nimmt er sich nicht mehr allzu wichtig.
Das macht es aus.
Auch die Depression wird lakonisch:

> »Wenn eine Straßenbahn vorüberfegte,
> kann es passieren, daß man sich höchst
>   wundert,
> warum man sich nicht einfach drunterlegte.
> Und solche Fälle gibt es über hundert.«[72]

Einmal sieht er »Vorstadtstraßen«[73]. Die zweite
Zeile seiner Beobachtung steht in vollendeter
poetischer Qualität da. Eine Qualität, die dem
deutschen Urteil einfach nicht begreiflich wird,
wenn sie sich in solch leichtem Chanson-Duktus
verpackt:

> »Mit solchen Straßen bin ich gut bekannt.
> Sie fangen an, als wären sie zu Ende.
> Trinkt Magermilch! steht groß an einer Wand,
> als ob sich das hier nicht von selbst
>   verstände.«[74]

»Sie fangen an, als wären sie zu Ende« — das wiegt mir unsere Bedeutungsanthologien seitenweise auf.

Auch Fabian ist viel gefahren und gegangen. Zum Beispiel zurück in die Stadt der Kindheit — wie Kästner:

> »Dann fährt die Straßenbahn und hat viel
>   Zeit.
> Der Schaffner ruft die kommenden Stationen.
> Es sind Stationen der Vergangenheit!
> Man dachte, sie sei tot. Sie blieb hier
>   wohnen.«[75]

Das ist der Tonfall, der darauf verzichtet, auf die Bedeutung seiner Details aufmerksam zu machen. Das ist eben gesehen und geschrieben, daß die Vergangenheit wohnen blieb.

Oder das Wiedersehen mit der alten Schule:

> »Das Gitter blieb. Und nun steht man davor.
> Und sieht dahinter neue Kinderherden.
> Man fürchtet sich. Und legt den Kopf ans Tor.
> (Es ist, als ob die Hosen kürzer werden.)«[76]

Wenn es bei Zeichnern — denen sich Kästner sehr verwandt fühlte — einen leichten Strich gibt, dann eben auch bei Lyrikern. Zu zeichnen ist »Einsamkeit«[77].

»Da schaut man seinen eignen Schatten an.
Der springt und eilt, um sich nicht zu
          verspäten,
und Leute kommen, die ihn kühl zertreten.
Da hilft es nichts, wenn man nicht weinen
          kann.«[78]

Natur ist Gegenstand der Kästner-Gedichte von
Anfang bis zum Ende. Sie korrespondiert meist
mit Situationen, wird häufig auch zum sozialpo-
litischen Begriff, weil sie für Kästner schon ver-
sperrter, verlorener Fluchtweg ist.
In »Ein Baum läßt grüßen«[79] blickt er aus dem
Fenster des fahrenden Zuges.

»Und da entsinnt man sich. Und ist entsetzt:
Seit zwanzig Jahren sah man keine Felder!
Das heißt, man sah sie wohl. Doch nicht wie
jetzt!
Wann sah man denn ein Blumenbeet zuletzt?
Und wann zum letzten Male Birkenwälder?«[80]

Die Naturbetrachtung wird unterbrochen. Die
Hüften einer mitreisenden Dame schieben sich
unentrinnbar näher. Kästner delegiert die Geil-
heit an die Frau, macht sich zum Objekt. Von
dieser seiner verhängnisvollen Zwangsfixierung
werden wir noch sprechen müssen, jedenfalls
mehr als mir und seinen Freunden recht sein
kann.

Kästner fährt in die Natur, um »mit der Welt sich
endlich zu versöhnen.«[81]

> »Doch man bleibt nicht lange so naiv.
> Plötzlich tauchen Menschen auf und schreien.
> Und schon wieder ist die Welt zum Speien.
> Und das Gras legt sich vor Abscheu schief.
>
> Eben war die Landschaft noch so stumm.
> Und der Wiesenteppich war so samten.
> Und schon trampeln diese gottverdammten
> Menschen wie in Sauerkraut herum.«[82]

Die Idee, daß der Dichter für andere auch trampelt, ist Lyrikern noch nie gekommen. Ich plä-
diere um Nachsicht.
Sehr einfach, sehr schlicht – und für unsere Debatte sehr früh – begriff er Natur als Korrektiv
zivilisatorischer Irrwege:

> »Wenn man so ganz allein im Walde steht,
> begreift man nur sehr schwer,
> wozu man in Büros und Kinos geht.
> Und plötzlich will man alles das nicht mehr!
>
> Ich las, es soll die ganze Woche schnein.
> Für einen Menschen, der auf sich was hält,
> ist es nicht leicht, im Schnee allein zu sein.
> Da wackelt, eh er's denkt, die ganze Welt.«[83]

Ich werde sicher noch einige Male sagen — und
es ist hundertfach zu belegen —, daß die Sache
der Ökologen heute Kästners Sache wäre. Und
er würde gegen die Zerstörer der Lebensräume
wieder pausenlos das Wort »Dummheit« ab-
schießen.
Frühling und Herbst kann man tiefer besingen.
Aber auch so macht es Spaß:

> »Es ist schon so. Der Frühling kommt in
> Gang.
> Die Bäume räkeln sich. Die Fenster staunen.
> Die Luft ist weich, als wäre sie aus Daunen.
> Und alles andre ist nicht von Belang.«[84]

Das stimmt doch. Oder?

> »Die Gärten sind nur noch zum Scheine kahl.
> Die Sonne heizt und nimmt am Winter Rache.
> Es ist zwar jedes Jahr dieselbe Sache,
> doch es ist immer wie zum erstenmal.«[85]

Das Jauchzen über den Frühling ist leise. Die
Trauer über den Herbst trocken:

> »Wozu die Blätter bunt sind, wenn sie fallen?
> Na ja, man muß nicht alles wissen wollen.
> Mir gehts nicht gut. Und ähnlich geht es allen.
> Sogar die Drüsen sind geschwollen!«[86]

Ich werde eine Zeile, wie die erste dieser Strophe, immer zum Besten zählen, was Lyrik in
deutscher Sprache sagen kann.
Ein Zyklus »Die dreizehn Monate«[87] erschien
noch 1955. Naturlyrik eines »Großstädters für
Großstädter«[88]. Da ist manches angestrengt, allzu altmeisterlich, ausgelutscht gereimt. Aber
mit wunderschönen Passagen. Etwa in »Der
September«:[89]

> »Das ist ein Abschied mit Gerüchen
> aus einer fast vergeßnen Welt.
> Mus und Gelee kocht in den Küchen.
> Kartoffelfeuer qualmt im Feld.
>
> Das ist ein Abschied mit Getümmel,
> mit Huhn am Spieß und Bier im Krug.
> Luftschaukeln möchten in den Himmel.
> Doch sind sie wohl nicht fromm genug.«[90]

Da hat der Spott etwas von altem Wein.

Kästner war in seinen Reimen auch Kulturkriti-
ker im weiten Sinn des Wortes.
»Die Zunge der Kultur reicht weit«[91] heißt sein
Gedicht, in dem seine kulturpolitische Prophetie die Genauigkeit der politischen Prophetie erreicht.

> »Die Zunge der Kultur reicht weit!
> Wohin sie sich erstreckt,

da wird der Mensch nebst seiner Zeit
so lang wie hoch und weit und breit
von der Kultur beleckt.«[92]

Mir fallen Ivan Illichs überzeugende Beweisfüh-
rungen ein.

>Der Straßenkehrer braucht das Abitur
und muß belesen sein in Schund und Schmutz.
Da denkt man manchmal: Die Kultur,
sie kann uns am − ! Sie soll uns nur − !
Sie ist dazu imstand und tut's.«[93]

Die Zielsetzung der Gen-Manipulation, »Der
synthetische Mensch«[94], wird bei Kästner schon
beschrieben. Ein Professor Bumke ist bereits
in der Lage, Menschen »nach Katalog« zu liefern.

>Ich sagte: Da sei noch ein Bruch in den Fer-
tigartikeln,
in jenen Menschen aus Bumkes Geburts-
institute.
Sie seien konstant und würden sich niemals
entwickeln.
Da gab er zur Antwort: ›Das ist ja grade das
Gute!‹

Ob ich tatsächlich vom Sichentwickeln was
halte?
Professor Bumke sprach's in gestrengem Ton.

Auf seiner Stirn entstand eine tiefe Falte.
Und dann bestellte ich mir einen vierzig-
    jährigen Sohn.«[95]

Kästner blieb auch das Schlüsselgedicht moderner Sporttheorie nicht schuldig. Es heißt »Der
Handstand auf der Loreley (Nach einer wahren
Begebenheit)«[96] und erzählt — formal besonders
virtuos — von einem Turner, der auf der Loreley
am Rhein einen Handstand versuchte:

»Nichtsdestotrotz geschieht auch heutzutage
noch manches, was der Steinzeit ähnlich sieht.
So alt ist keine deutsche Heldensage,
    daß sie nicht doch noch Helden nach sich
    zieht.«[97]

Der Turner »brach sich das Genick«[98] bei dieser
Unternehmung:

»Er starb als Held. Man muß ihn nicht
    beweinen.
Sein Handstand war vom Schicksal über-
    strahlt.
Ein Augenblick mit zwei gehobnen Beinen
ist nicht zu teuer mit dem Tod bezahlt!«[99]

Bleibend ergebnislos blieb Kästners Erkenntnis,
wonach es unsinnig sein muß, aus sexuellen

Praktiken künstlerische Weltanschauungen ab-
zuleiten:

> »Von mir aus, schlaft euch selber bei!
> Und schlaft mit Drossel, Fink und Star
> und Brehms gesamter Vögelschar!
> Mir ist es einerlei.
>
> Nur, schreit nicht dauernd wie am Spieß,
> was ihr für tolle Kerle wärt!
> Bloß weil ihr hintenrum verkehrt,
> seid ihr noch nicht Genies.
> Na ja, das wäre dies.«[100]

Kästners erotische Lyrik ist von einer unseligen
privaten Ausgangsposition bestimmt. Schwer,
da noch nach Liebesgedichten zu fragen. Es gibt
sie aber. Das macht die Sache rundherum doppelt bitter.
Ich werde an anderer Stelle eine Erklärung versuchen. Hier gebe ich nur Beispiele.
Wenn Kästner sich zu »einem Kinde gebückt«
hat, das »mit einer schönen Frau« ging, dann
wußte er:

> »Sie fühlte sich schon zur Hälfte verführt
> und schwenkte vergnügt ihr Gewölbe.
> Das hätte mich nun nicht weiter gerührt.
> Doch das Kind — ich hab es ganz deutlich
>   gespürt —
> das dachte bereits dasselbe . . .«[101]

Vielleicht diese Feststellung gleich: Beim Aufklärer Kästner hatte eine bestimmte Aufklärung
nicht, beziehungsweise in der Gegenrichtung
stattgefunden.

Die Mann-Macke Kästners war ausstellungsreif.
»Anmerkung« nach einem Gedicht:
»Wenn ich ein junges Mädchen wäre – es ist
zur Freude der jungen Mädchen nicht der
Fall – . . .«[102]

Man könnte von einigen Liebesgedichten,
falsch: von Gedichten, die sich um Liebe dre-
hen – »Der Scheidebrief«[103], »Gespräch in der
Haustür«[104], »Das Gebet keiner Jungfrau«[105]
usf. – behaupten, daß die beschriebenen
Frauen dem Verfasser leid tun. Von Geschlech-
terhaß sind diese Verse weit entfernt. Sie stellen
nur die Abhängigkeit, das Verlorensein, das
Ausgeliefertsein der Frau nie in Frage.

Einmal, ich glaube nur dieses eine Mal, hat sich
Kästner von seinem Rollen(un)verständnis
nicht fangen lassen und ein nach allen Seiten rat-
loses Liebesgedicht geschrieben. Sie zählt zu
den schönsten der deutschen Literatur, die
»Sachliche Romanze«[106].

    »Als sie einander acht Jahre kannten
    (und man darf sagen: sie kannten sich gut),
    kam ihre Liebe plötzlich abhanden.
    Wie anderen Leuten ein Stock oder Hut.

Sie waren traurig, betrugen sich heiter,
versuchten Küsse, als ob nichts sei,
und sahen sich an und wußten nicht weiter.
Da weinte sie schließlich. Und er stand dabei.

Vom Fenster aus konnte man Schiffen
  winken.
Er sagte, es wäre schon Viertel nach Vier
und Zeit, irgendwo Kaffee zu trinken.
Nebenan übte ein Mensch Klavier.

Sie gingen ins kleinste Café am Ort
und rührten in ihren Tassen.
Am Abend saßen sie immer noch dort.
Sie saßen allein, und sie sprachen kein Wort
und konnten es einfach nicht fassen.«[107]

Nur der Krieg, der Gedanke an den Krieg, der Kampf gegen den Krieg, löst die geschlechtlichen Vorurteile. Da gibt es nur Menschen, die sich in Männer und Frauen teilen, und da wird dem Dichter das Gefälle ein anderes. In der »Fantasie von übermorgen«[108] ändert sich die Beurteilung der Geschlechterrolle.

»Und als der nächste Krieg begann,
da sagten die Frauen: Nein!
Und schlossen Bruder, Sohn und Mann
fest in der Wohnung ein.

Dann zogen sie, in jedem Land,
wohl vor des Hauptmanns Haus
und hielten Stöcke in der Hand
und holten die Kerls heraus.

Sie legten jeden übers Knie,
der diesen Krieg befahl:
die Herren der Bank und Industrie,
den Minister und General.

Da brach so mancher Stock entzwei.
Und manches Großmaul schwieg.
In allen Ländern gab's Geschrei,
und nirgends gab es Krieg.

Die Frauen gingen dann wieder nach Haus,
zum Bruder und Sohn und Mann,
und sagten ihnen, der Krieg sei aus!
Die Männer starrten zum Fenster hinaus
und sahn die Frauen nicht an . . .«[109]

Kästner traute den Frauen zu, Männer wegen
des Krieges zu verprügeln. Dieses Lob frauli-
cher Vernunft blieb aber dem großen, theoretischen Planspiel vorbehalten. Im Detail verbiß er
sich lieber in andere Frauentypen, so in »Ganz
besonders feine Damen«:[110]

»So schweben sie zwischen den Leuten
wie Königinnen nach Maß.
Doch hat das nichts zu bedeuten.

Sie sind ja gar nicht aus Glas!
Man kann sie, wie andere Frauen,
verführen, verstehn und verhauen.
Denn: fein sind sie nur zum Spaß.«[111]

Es war ihm ein großes, vielleicht zu großes An-
liegen, »Damen« vom Sockel zu holen. Den-
noch, was Kästner über »Sogenannte Klasse-
frauen«[112] sagt, stimmt bleibend.

»Wenn es Mode wird, die Brust zu färben
oder, falls man die nicht hat, den Bauch . . .
Wenn es Mode wird, als Kind zu sterben
oder sich die Hände gelbzugerben,
bis sie Handschuhn ähneln, tun sie's auch.
. . .

Wenn's doch Mode würde zu verblöden!
Denn in dieser Hinsicht sind sie groß.
Wenn's doch Mode würde, diesen Kröten
jede Öffnung einzeln zuzulöten!
Denn dann wären wir sie endlich los.«[113]

Hier deckt sich sein Sexismus mit einer gewissen
Stilrichtung des Feminismus.
Erheiternd − nicht wirklich − wie eine Erfindung wie »die Pille« die Liebeslyrik entscheidend verändert hat. Zu Kästners Reimzeiten
war die Angst vor dem Kind ja noch zentrales
Thema.

Im »Jardin du Luxembourg«[114] findet dieses
statt:

> »Mütter lesen. Oder träumen sie?
> Und sie fahren hoch, wenn jemand schrie.
> Schlanke Fräuleins kommen auf den Wegen
> und sind jung und blicken sehr verlegen
> und benommen auf den Kindersegen.
> Und dann fürchten sie sich irgendwie.«[115]

Oder eine kenntnisreiche Studentin wird so beschrieben:

> »Sie hatte nur Angst vor dem Kind.
> Manchmal besucht sie mich noch.
> An der Stelle, wo andre moralisch sind,
> da ist bei ihr ein Loch . . .«[116]

Kästners Texte sind also, keineswegs im Sinne
seines gehandelten Images, auch als Sittenge-
schichte brauchbar.
Wie alle erotisch wild gewordenen Kleinbürger
neigte Kästner chronisch zum Überschätzen und
Dämonisieren von Bardamen, Diseusen, Chan-
sonetten – kurz von allen Frauen, die sich an-
geblich »auskennen«. Was sie selbstverständlich
nicht tun. Da gibt es ein paar hübsche Gedichte,
wie etwa die »Ansprache einer Bardame«.[117] Zur
zwischenmenschlichen Wahrheitsfindung tra-
gen sie allerdings kaum etwas bei.
Kästners Einstellung zu Frauen formuliert sich

(abschließend?) in einem späten Gedicht aus den 50er Jahren, »Don Juans letzter Traum (Entwurf zu einem Gobelin)«.[118]

Man kann darüber streiten, ob hier der Höhepunkt des Sexismus erreicht ist, oder dessen ironische Überwindung beginnt. Da erscheinen dem Don Juan »tausend Frauen«, »Tonnen Fleischs«, »weiße Herden«. Diese Erinnerungen an »Brüste, Schenkel, Haare, Hüften, Dampf und Dunst« kommen über ihn:

> »Hochgescheucht von aufgetauten Lüsten,
> tausendschößig, züngelnd, krank vor Gier,
> Bäuche schwenkend und behängt mit Brüsten
> wie ein einziges, monströses Tier,
> wälzte es sich näher, schwoll und schäumte,
> troff und schrie, versessen aufs Versäumte
> und mit tollen Augen, die nichts sahn!
> Brausend sank der Traum auf den, der
>   träumte,
> sich ans Herz griff und erstickend bäumte –
> so geschah's, ihr Herrn. So starb
>   Don Juan.«[119]

Das Bild erinnert an die filmischen Visionen Federico Fellinis zum gleichen Thema. Und auch bei diesem großen Meister der Filmkunst wird man noch lange streiten, ob er chronisch das Weib desavouiert oder das Bild, das sich der Mann von ihm machte und macht.

Wir werden bei den Erinnerungen an Kästners
Kindheit Einblick in die Art seiner Mutterbindung bekommen. (Wer einen kürzlich veröf-
fentlichten — warum eigentlich? — Briefwechsel[120] gelesen hat, bedarf der Hinweise
nicht mehr.) Die Mutter geht — aus gegebenen
Gründen — auch quer durch die Lyrik.
Sie, die übergroße, rührend-komische Super-
Mutter, Kästners Angst vor einem untergescho-
benen Kind, seine Scheu vor der Bindung ver-
binden sich immer wieder:
»Frau Großhennig schreibt an ihren Sohn«[121]
u. a. dieses:

> »Ach Krauses älteste Tochter hat kürzlich ein
>   Kind gekriegt!
> Wer der Vater ist, weiß kein Mensch. Und sie
>   soll es selber nicht wissen.
> Ob denn das wirklich nur bloß an der Gym-
>   nasialbildung liegt?
> Und schick bald die schmutzige Wäsche. Der
>   letzte Karton war schrecklich zerrissen.«[122]

Dann kommt ein Argument für die Bindung an
eine Frau:

> »Ist das Essen auch gut in dem Restaurant wo
>   du ißt?
> Laß Dir doch abends von Deiner Wirtin zwei
>   Eier auf Butter braten.

> Das wird alles anders, wenn Du erst richtig
>   verheiratet bist.
> Ich weiß schon Du hast keine Lust. Das ist
>   schade da läßt sich nicht raten.«[122a]

Die Gegenargumente aber sind gewichtig:

> »Hast Du in Eurem Geschäft schon wieder
>   mal Ärger gehabt?
> Schreib mir nur alles und sieh Dich recht vor
>   mit den Mädelsgeschichten.
> Es wäre doch schade um Dich. Denn Du bist
>   doch sonst so begabt.
> Wie schnell ist was los mit dem Arzt und den
>   Vormundschaftsgerichten.«[123]

Es wirkt manchmal wie Pflichtübung, wenn
Kästner jede mit seiner Mutter erlebte Episode
ihr wieder gereimt zu Füßen legt. Kaum macht
er mit ihr eine Reise, muß er schon versichern:

> »Das ist ein Glück: mit seiner Mutter fahren!
> Weil Mütter doch die besten Frauen sind.
> Sie reisten mit uns, als wir Knaben waren,
> und reisen nun mit uns, nach vielen Jahren,
> als wären sie das Kind.«[124]

Man kann, will man sich ernsthaft zu Kästner äußern, der Zeile »Weil Mütter doch die besten
Frauen sind« ihre gespielte Unschuld nicht lassen.

»Eine Mutter zieht Bilanz«.[125] Wie wohl?

> »Ich hab von ihm noch ein paar Kinder-
> schuhe.
> Nun ist er groß und läßt mich so allein.
> Ich sitze still und habe keine Ruhe.
> Am besten wär's, die Kinder blieben klein.«[126]

Ist es nicht schrecklich, daß hier jenes Deutschland blitzartig feuchte Augen bekommt, das
Kästner gehaßt und bekämpft hat?
Kästners Sehnsucht nach einem eigenen Kind
hatte einen Berg von Traumata gegen sich.
Seine Projektion in eine Vaterrolle und seine
Angst vor Frauen (besser: vor der Bindung) tref-
fen sich in dem Gedicht »Wiegenlied (Ein Vater
singt)«.[127]

> »Schlaf ein, mein Kind! Schlaf ein, mein Kind!
> Man hält uns für Verwandte.
> Doch ob wir es auch wirklich sind?
> Ich weiß es nicht. Schlaf ein, mein Kind!
> Mama ist bei der Tante . . .«[128]

Hat er an die Rolle seines Vaters gedacht?

> »Nachts liegt man neben einer Frau,
> die sagt: Laß mich in Ruhe.
> Sie liebt mich nicht. Sie ist so schlau.
> Sie hext mir meine Haare grau.
> Wer weiß, was ich noch tue.«[129]

Zum Schluß des Gedichtes provoziert Kästner
mit einer »Anmerkung«:
»Noch nie hat die Frau so wenig und der Mann
so viel Kindersinn gehabt wie heute.«[130]
Eine verblüffend dumme Vereinfachung. Entstanden natürlich aus der Vorsätzlichkeit, mit
der er den Kindersinn *seiner* Mutter absolut setzte.
Die ganze jammervolle Tragödie wird mit dem
Gedicht »Brief an meinen Sohn«[131] offenbar.
Was hier gesagt wird, halte ich für wahr. Was
dann kam, war Ertrinken in jenem Sumpf, in
dem die Psychoanalyse so beispielhaft gedieh.

> »Doch eines schönen Tages wird's dich geben.
> Ich freue mich schon heute sehr darauf.
> Dann lernst du laufen, und dann lernst du
>   leben,
> und was daraus entsteht, heißt Lebenslauf.
> . . .
>
> Wer zu verstehn beginnt, versteht nichts
>   mehr.
> Er starrt entgeistert auf das Welttheater.
> Zu Anfang braucht ein Kind die Mutter sehr.
> Doch wenn du größer wirst, brauchst du den
>   Vater.«[132]

Kästner wollte einem Sohn ein »Vater sein und
kein Prophet«[133]. Er hatte nicht die Kraft. Er war

— ich werde mich mit diesem Ausdruck oft wiederholen — zu sehr Opfer.

Wenn deutsche Poeten des Bänkeltons sich zu letzten Dingen äußern, dann bedienen sie sich einer schlichten Sprache, die man sofort wieder erkennt. Es ist die Sprache der Sinngedichte des deutschen Barock.
Nie zuvor und nie danach war Höhe so ruhig und Größe so klar, wie in diesen Reimgebilden.
Auch Erich Kästner hat sein Barock-Gedicht geschrieben, »Die zwei Gebote«.[134] Glücklich der Dichter, dessen Vermächtnis und dessen schönstes Gedicht eins sind:

> »Liebe das Leben, und denk an den Tod!
> Tritt, wenn die Stunde da ist, stolz beiseite.
> Einmal leben zu müssen,
> heißt unser erstes Gebot.
> Nur einmal leben zu dürfen,
> lautet das zweite.«[135]

Die eine
und die andere Familie

Die Journalistin Luiselotte Enderle − hier in den Jahren 1950−52 als stellvertretende Chefredakteurin einer Münchner Illustrierten − war Erich Kästners Gefährtin bis zu seinem Tod.

Sie war ihm Freundin, geschickte und sich bekennende Helferin im Krieg, später »Mutter« − und schließlich seine Biographin.

Vor dem Haus in München, Herzogpark, in das sie 1952 ge-
zogen sind. 1927 hatten sich eine Redaktionsvolontärin und
ein freier Mitarbeiter in Leipzig kennengelernt, 1935 in Berlin wiedergetroffen.

Als 1944 Kästners Wohnung in Berlin abbrannte, zog er zu ihr. Nach dem Krieg war Luiselotte Enderle Kästners engste Mitarbeiterin und später auch Nachfolgerin im Feuilleton der »Neuen Zeitung«.

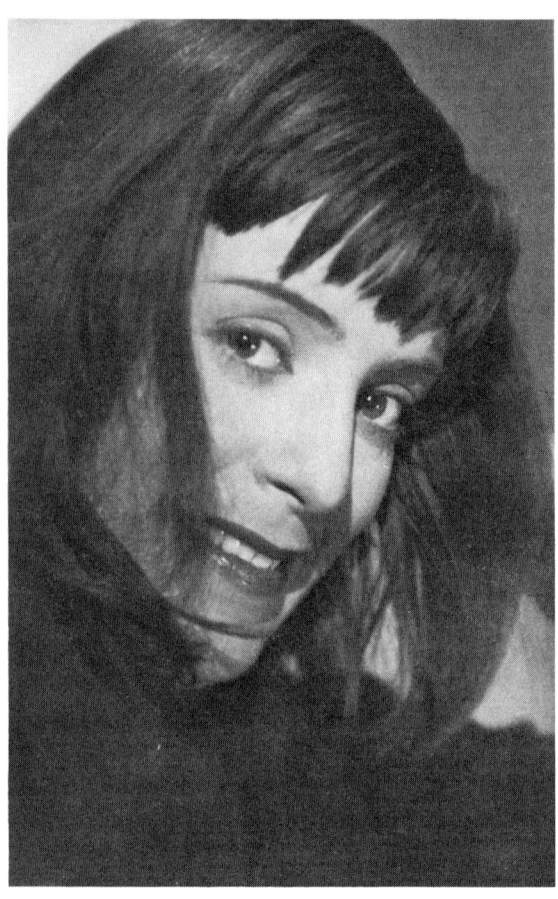

Auch diese Frau, Friedel Siebert, die Erich Kästner 1949 als Dreiundzwanzigjährige kennengelernt hatte, wußte immer, daß seine Beziehung zu einer Frau nie ausschließlich sein konnte.

Sie wurde diesem Mann eine späte Erfüllung. Und sie wurde
ihm die Mutter eines Kindes, nach dem sich der junge Kästner so gesehnt hatte und das er später − lange − nicht mehr
haben wollte.

Nach achtjähtiger Freundschaft kam am 15.12.1957 der Sohn Thomas auf die Welt. Seinetwegen erzählte Erich Kästner von seinem wahren Vater.

Dieses Kind war der letzte – einzig unschuldige – Beteiligte einer familiären Dutzendtragödie, die ihre Bedeutung durch die Person ihres Hauptdarstellers erhält, eines Moralisten und Pädagogen.

Urkunde

über die Änderung eines Familiennamens

Das Kind Thomas S i e b e r t
(Vornamen, Familienname)   (Beruf)

geboren am   15.12.1957   in   München

wohnhaft in   München 19, Groffstr.20

führt vom   Zeitpunkt der Aushändigung dieser Urkunde   ab an Stelle des bisherigen Familien-

namens den Familiennamen

K ä s t n e r

Die Namensänderung erstreckt sich nur auf die hier aufgeführte Person.

München , den   7.April   19 64
Regierung von Oberbayern
I.A.

(Dienstsiegel)

(Dr.Sodian)
Regierungsdirektor

Ausgehändigt am   2 0. Apr. 1964
19

Tgb.Nr.II B 1 - 50 S 7

Gebühr: 100.--DM

Kovo-Druck 1068-1 (5 1 81)
Kommunalschriften-Verlag J. Jehle, München 34, Barer Straße 32

So gab der Vater dem Sohn seinen Namen — dank behördlichen Entgegenkommens.

Vater, Mutter, Kind im Jahre 1967 im Tivoli in Kopenhagen. Das ist das einzige Foto »zu dritt«.

Er liebte ihn, ohne ihm noch . . .

. . . ein richtiger Vater . . .   . . . sein zu können.

Für den Sohn, hier mit 17, sind viele Fragen offen geblieben.

Der Anblick der Meinungen

Ich habe einmal notiert, daß »Meinungsträger« ein Beruf ist. Erich Kästner übte diesen Beruf zeitlebens aus. Er trug seine Meinungen vor und er ertrug, sie zu haben.

Obwohl Kästner schon vor 1933 viel in Journalen publiziert hatte, vor allem auch in der »Weltbühne«,[1] waren bis zu diesem Jahr die Gedichte dominant.

Nach 1945 überwogen dann Feuilletons, Glossen, Kritiken und Reden.

Gedichte, Chanson-Texte, Parodien und Sketches illustrieren im Rückblick einen polemischen, literarischen Journalisten.

Von diesem Schreiberleben her ist die Gewichtsverlagerung völlig verständlich. Das Schreibalter nach 1945 war eine Zeit der Bilanz, der Verarbeitung des Erfahrenen, Erlittenen. Die Möglichkeit und die Notwendigkeit, sich, also schon *vorher* Gesagtes, zu zitieren, führt in den Kommentar.

Viele dieser Meinungen sind – im Sinne des Au-

tors — brauchbar. Sie sind erschreckend brauchbar. Sie sind nötig geblieben und sie bleiben es
auf leider nicht absehbare Zeit.

Die mir wichtigste Meinung hat Kästner zur Geschichte, zur *Geschichte als Gegenstand*.

Erich Kästner hat leider kein Geschichtsbuch
geschrieben. Die Anmerkungen, die er zur Geschichte machte, sind in die Geschichtsbücher
nicht eingegangen. Nicht die generellen Wer-
tungen, nicht die alles erhellenden Kommentare
zum Detail.

»Es ist wahr, daß ›Fridericus Rex‹ in der
Schlacht von Mollwitz, als sie verloren schien,
auf seinem Schimmel das Weite suchte und daß
ihn, als sich das launische Kriegsglück gewendet
hatte, die Stafetten seiner Generale erst nach
vieler Mühe einholten, um ihn auf das siegreiche
Schlachtfeld zurückzubitten.«[2]

»Es ist wahr« — wieviel Ohnmacht schwingt da
mit! Wer das schreibt, weiß, auch die Beteue-
rung wird nicht genügen.

An anderer Stelle heißt es, denselben Feldherrn
betreffend:

»Es ist wahr, daß er in einer Schlacht des Sieben-
jährigen Krieges mit dem Stock auf seine zu-
rückweichenden Grenadiere eingehauen und
gebrüllt hat: ›Kerls, wollt ihr denn ewig
leben?‹«[3]

Wir erinnern uns an Fabians Forderung, die

Schulkinder mit dieser Geschichte nicht zu be-
helligen.
»Aber die Menschen sind unheimliche Leute.
Wer seine Schwiegermutter totschlägt, wird ge-
köpft. Das ist ein uralter verständlicher Brauch.
Wer aber Hunderttausende umbringt, erhält ein
Denkmal. Straßen werden nach ihm benannt.
Und die Schulkinder müssen auswendig lernen,
wann er geboren wurde und wann er friedlich die
gütigen Augen für immer schloß . . .«[4]

Seltsam, diese in jeder Generation kleine Gruppe von Schreibern, die sich als Moralisten be-
zeichnen oder von informierter Kritik als Moralisten bezeichnet werden, ist eigentlich die einzige Gruppe von Menschen, die Krieg nicht faßt,
nicht begreift, nicht duldet und nicht bewältigt.
Diese Leute machen sich zwar alle vor zahlrei-
chen der christlichen Gebote zu bemerkenswer-
ten Sündern, einem entscheidenden Gebot gegenüber deklassieren sie aber die christlichen
Religionen. In den Boden.
Dies der Kernsatz Kästners zum Thema Geschichte (ob Kästner, als er später dann doch ein
Kind hatte, an eine Zukunft ohne Totschießen
glauben konnte, ist durch nichts zu belegen).
»Wir müssen dem Geschichtsunterricht die Maske vom Gesicht holen. Es geht um Ihre Kinder.
Nicht um die meinigen. Als ich sah, wohin

Deutschland unweigerlich steuerte, verzichtete ich darauf, Kinder zu haben und aufzuziehen, nur damit sie eines Tages totgeschossen oder zu Krüppeln werden.

Ich habe zwar keine eigenen Kinder. Aber ich fordere trotzdem einen neuen Geschichtsunterricht.«[5]

Nichts und niemand hat dem Geschichtsunterricht die Maske vom Gesicht geholt. Wir sind eher soweit, Menschen, die dies fordern, vor übler Nachrede schützen zu müssen.

Wenn Kästner unter dem Anblick falscher Denkmäler litt, dann mußte es ihm ein entscheidendes Thema sein, welche Namen aus dem Dritten Reich in Zukunft für diese Zeit stünden. So war ihm der deutsche Widerstand in der Nachbetrachtung nicht nur ein Stück tragischer Geschichte. Er war ihm greifbarer Beweis für angewandten Charakter. Er war ihm ein Vorschlag für einen anderen, wertenden, kurz: anständigen Geschichtsunterricht. 1954 sprach Kästner in einer Rede über die Handelnden des 20. Juni 1944:

»Sie setzten Ehre und Leben aufs Spiel, und sie verloren beides. Ihr Leben konnte man ihnen durch kein Wiedergutmachungsverfahren rückvergüten. Stellen Sie sich vor, man hätte es gekonnt! Stellen Sie sich die allgemeine und die amtliche Ratlosigkeit nur vor! Diese Frauen und

Männer, als Heimkehrer aus dem Jenseits, mitten unter uns! Welch ein Drama! Was für eine deutsche Tragikomödie!

Sie opferten Leben und Ehre. Hat man ihnen wenigstens ihre Ehre wiedergegeben? Nicht ihre Offiziersehre, nicht ihre Pastorenehre, nicht ihre Gewerkschaftsehre, nein, ihre mit Gewissensqualen und dem Tod besiegelte, mit Folter und Schande besudelte, am Fleischerhaken aufgehängte menschliche Ehre und wahre Würde? Ich denke dabei nicht an die Umbenennung von Straßennamen, die Niederlegung von Behördenkränzen und ähnliche Versuche, den Dank des Vaterlandes nach dem Muster des Teilzahlungssystems in bequemen Raten abzustatten. Sondern ich frage: Hat man versucht, diese Männer und Frauen in unserer vorbildarmen Zeit zu dem zu machen, was sie sind? Zu Vorbildern?«[6]

Die Frage hatte, als sie gestellt wurde, schon einen verzweifelten Schuß Rhetorik. Und heute?

Vier Jahre später befaßte sich Kästner mit dem Unterschied zwischen dem erwähnten tragischen Widerstand, der nur ein Zeichen setzen konnte, und einem politisch wirksamen, also vorbeugenden Widerstand. Und er sprach von der Situation des Einzelnen, von sich. Er hatte, als seine Bücher verbrannt wurden, »nicht aufgeschrien«. Er war »passiv geblieben«:

»Ich hatte nicht mit der Faust gedroht. Ich hatte
sie nur in der Tasche geballt. Warum erzähle ich
das? Warum mische ich mich unter die Beken-
ner? Weil, immer wenn von der Vergangenheit
gesprochen wird, auch von der Zukunft die Rede ist. Weil keiner unter uns und überhaupt niemand die Mutfrage beantworten kann, bevor die
Zumutung an ihn herantritt. Keiner weiß, ob er
aus dem Stoffe gemacht ist, aus dem der entscheidende Augenblick Helden formt. Kein
Volk und keine Elite darf die Hände in den
Schoß legen und darauf hoffen, daß im Ernstfall,
im ernstesten Fall, genügend Helden zur Stelle
sein werden . . .
Im modernen undemokratischen Staat wird der
Held zum Anachronismus. Der Held ohne Mi-
krophone und ohne Zeitungsecho wird zum tragischen Hanswurst.«[7]
Daher:
»Die Ereignisse von 1933 bis 1945 hätten spätestens 1928 bekämpft werden müssen. Später war
es zu spät. Man darf nicht warten, bis der Frei-
heitskampf Landesverrat genannt wird.«[8]
Merkwürdig, daß sich klare Sätze dieser Art einfach nicht herumsprechen wollen. Kästners Vorsatz, die Geschichte auf jene Einfachheit der
Sprache zu reduzieren, die ihr zusteht, führte in
der zitierten Rede zu einer bezeichnenden Pointe. Als Kästner Ovids »Principiis obsta!« zitierte,

verzichtete er auf das eingebürgerte leicht pathetische »Wehre den Anfängen!«. Er übersetzte schlicht: »Bekämpfe den Beginn!«[9]
Also, das kann nun wirklich jeder, den Beginn bekämpfen. Sollte man meinen. Auch Menschen, die durch Emigration ein Zeichen setzten, konnten den Beginn nicht mehr bekämpfen. Und doch war das Verlassen Deutschlands für Kollegen und Freunde Kästners eine politische Entscheidung. Kästners einzigartiger Entschluß, als bekannter Regimegegner von seiner Gegnerschaft keinen Gebrauch zu machen und in Deutschland zu bleiben, hat manchem der Freunde Rätsel aufgegeben.
Ich halte noch einmal fest, daß es für mich keine Rätsel mehr sind.
Kästner selbst hat sich zu seiner Nichtemigration mehrfach geäußert. Wahrscheinlich mußte er dies öfter tun, als ihm lieb war:
»Ewig kehrt die Frage wieder: ›Warum sind Sie nicht emigriert, sondern in Deutschland geblieben?‹ Dem, der es nicht versteht, kann man's nicht erklären.«[10]
Kann man was nicht erklären?
»Ein Schriftsteller will und muß erleben, wie das Volk, zu dem er gehört, in schlimmen Zeiten sein Schicksal erträgt. Gerade dann ins Ausland zu gehen, rechtfertigt sich nur durch akute Lebensgefahr. Im übrigen ist es seine Berufs-

pflicht, jedes Risiko zu laufen, wenn er dadurch Augenzeuge bleiben und eines Tages schriftlich Zeugnis ablegen kann.«[11]
Das hat Kästner, schreibt er, den fragenden Amerikanern gesagt.
Er hat diese Version seines Motivs auch gereimt:

> »Ich bin ein Deutscher aus Dresden in
>   Sachsen.
> Mich läßt die Heimat nicht fort.
> Ich bin wie ein Baum, der − in Deutschland
>   gewachsen −
> wenn's sein muß, in Deutschland verdorrt.«[12]

Die Zeile »Mich läßt die Heimat nicht fort« läßt eben alle Interpretationen zu. Wer Zuhause, Heimat, als den Ort definiert, wo etwas wartet − ich bemühe das Bild eines befreundeten Lyrikers −, dem kann das Wartende eben auch ein Mensch, eine Mutter sein.

Für wahre Pädagogen muß es unerträglich gewesen sein, die elende, hundsföttische Rolle mitansehen zu müssen, die die Pädagogik im Hitler-Deutschland gespielt hat. Die Schuldfrage für dieses historische Versagen stellt Kästner aber − wiederum richtig − der Vorgängergeneration, den Pädagogen der Pädagogen:
»Die Lehrer haben im Dritten Reich versagt,

weil, vor 1933, die Lehrerbildung versagt hat. Es kann nicht früh genug darauf hingewiesen werden, daß man die Kinder nur dann vernünftig erziehen kann, wenn man zuvor die Lehrer vernünftig erzieht.«[13]

Wir haben heute keinerlei Grund zu der Annahme, daß demnächst Lehrer nicht versagen könnten, weil etwa die Lehrerbildung heute nicht versagte.

Ich war noch Schüler, als ich Kästners »Ansprache zum Schulbeginn«[14] gelesen habe. So möchte ich mich im Namen aller für eine Passage bedanken, die sie verstanden, geglaubt und befolgt haben:

»Mißtraut gelegentlich euren Schulbüchern! Sie sind nicht auf dem Berge Sinai entstanden, meistens nicht einmal auf verständige Art und Weise, sondern aus alten Schulbüchern, die aus alten Schulbüchern entstanden sind, die aus alten Schulbüchern entstanden sind, die aus alten Schulbüchern entstanden sind.«[15]

Kästner wurde aber zum Beispiel dafür, wie die Gesellschaft Menschen durch Überlassen von Ruhm vereinnahmt, ohne sich weiter um die Substanz des zu Rühmenden zu scheren. Ist das nicht ein groteskes Indiz?

Bis zum Tage heißen rund 50 Schulen im deutschen Raum »Erich-Kästner-Schule«. Hätte nur einer dieser Schulgründer genau nachgelesen, was Erich Kästner vom Prinzip der allen Deutsch sprechenden Kindern zugemuteten Lehrpläne hielt, er hätte die Schule nicht nur umgetauft, er hätte sie gleich geschlossen.

Daran ändert, bitte sehr, gar nichts, daß ein alter Mann sich geehrt und bestätigt gefühlt haben mag. Es wird noch lange so sein: Sie sagen Erich Kästner und meinen Anton, Pünktchen und den verschwundenen Grenzverkehr.

Es sollte nicht nur *Schul*-Bücher geben, die der Bewältigung dienen müßten, auch andere Bücher, die den sittlichen Rang von *Lehr*-Büchern haben müßten.

Mit Schüttelfrost lese ich diesen Satz:

»Das interessanteste und traurigste Buch, das über das Dritte Reich geschrieben werden muß, wird sich mit der Verderbung des deutschen Charakters zu beschäftigen haben. Niemals in unserer Geschichte hat ein solcher Generalangriff auf die menschlichen Tugenden stattgefunden. Nie zuvor sind Eigenschaften wie Zivilcourage, Ehrlichkeit, Gesinnungstreue, Mitleid und Frömmigkeit so grausam und teuflisch bestraft, nie zuvor sind Laster wie Rohheit, Unterwürfigkeit, Käuflichkeit, Verrat und Dummheit so maßlos und so öffentlich belohnt worden.«[16]

Mag sein, daß dieses Buch geschrieben worden ist. Mag sein, in einigen Versionen.

Aber populär geworden ist es nicht. Wir haben

kein Buch im Schrank, dessen Titel uns sofort einfällt, wenn unsere Halbwüchsigen Fragen zu diesem Thema der deutschen Geschichte haben. Das ist die tragische Pointe auf Erich Kästners Forderung. Es scheint sich die »Verderbung des deutschen Charakters« durch die Kapitulation nicht einfach aufgehoben zu haben. Kästners Ruf nach diesem Buch gilt weiterhin.

Die »Verderbung des deutschen Charakters« saß auf der Anklagebank. Sitzt manchmal heute noch dort. Doch die Prozesse werden immer mehr und immer lauter vom Ruf unterbrochen, man solle endlich Schluß machen, man solle das Vergangene vergangen sein lassen. Es rächt sich dafür, daß nicht auch schon Deutsche Kläger der ersten Stunde waren.

Kästner war Augenzeuge des Nürnberger Prozesses, von dem er »Streiflichter«[17] berichtete. Immer wieder klingt da die Hoffnung heraus, dieser Prozeß möge der Prozeß gegen Krieg schlechthin sein. Möge die Kriege bisher richten und die in alle Zukunft, auf daß sie gar nicht mehr stattfänden.

Zwischen Krieg und Kriegsverbrechen noch zu unterscheiden, hielt Kästner jedenfalls für müßig.

»Morgen soll nun gegen vierundzwanzig Männer Anklage erhoben werden, die schwere Mitschuld am Tod von Millionen Menschen haben.

Oberrichter Jackson, der aus Amerika entsand-
te Hauptankläger, hat erklärt: ›Sie stehen nicht
vor Gericht, weil sie den Krieg verloren, sondern weil sie ihn begonnen haben!‹ Ach, warum
haben die Völker dieser Erde solche Prozesse
nicht schon vor tausend Jahren geführt? Dem
Globus wäre viel Blut und Leid erspart geblieben . . .«[18]
. . .

»Jetzt sitzen also der Krieg, der Pogrom, der
Menschenraub, der Mord engros und die Folter
auf der Anklagebank. Riesengroß und unsicht-
bar sitzen sie neben den angeklagten Menschen.
Man wird die Verantwortlichen zur Verantwor-
tung ziehen. Ob es gelingt? Und dann: Es darf
nicht nur diesmal gelingen, sondern in jedem
künftigen Falle! Dann könnte der Krieg ausster-
ben. Wie die Pest und die Cholera. Und die Ver-
ehrer und Freunde des Krieges könnten ausster-
ben. Wie die Bazillen.
Und spätere Generationen könnten eines Tages
über die Zeiten lächeln, da man einander millionenweise totschlug.
Wenn es doch wahr würde! Wenn sie doch eines
Tages über uns lächeln könnten!«[19]
Wie gespenstisch rasch dieser Nürnberger Prozeß doch seine Dimension verloren hat. Nichts
mehr ist da von dieser Endgültigkeit, die man
ihm damals unterstellen konnte. Nichts mehr.

Ein dreckiger Kriminalprozeß mehr oder weniger in der Verbrechensgeschichte. Größer, freilich, aber schon lange her.

In den Ländern Bundesrepublik Deutschland und Österreich, wie ich sie kenne, sagt man in gewissen Kreisen längst nicht mehr leise und hinter der hohlen Hand, wie sehr die kompromißlose Ablehnung Nazideutschlands eigentlich doch eine antideutsche Gesinnung sei. Nun, man konnte Menschen, die dies meinen, nichts erklären und man kann es immer noch nicht. Aber es gilt zu dokumentieren, daß ein Mann wie Kästner eben ein wahrer Patriot war:

»Clemençeau hat einmal gesagt, es würde nichts ausmachen, wenn es zwanzig Millionen Deutsche weniger gäbe.

Hitler und Himmler haben das mißverstanden. Sie glaubten, zwanzig Millionen Europäer. Und sie haben es nicht nur *gesagt!* Nun, wir Deutsche werden gewiß nicht vergessen, wieviel Menschen man in diesen Lagern umgebracht hat. Und die übrige Welt sollte sich zuweilen daran erinnern, wieviel Deutsche darin umgebracht wurden.«[20]

Wie liest sich dieses »wir Deutsche«? Wie eine Auszeichnung. Und wieder wurde sie von falschen Leuten falschen Leuten verliehen. Vielleicht auch − deshalb − von richtigen nicht laut und nicht überzeugt genug angenommen.

Erich Kästner, Schüler und Jünger Lessings,
Büchners, Heines, war ein deutscher Patriot.
»Wir Deutsche«, hat er gesagt. »Wir Deutsche«.
Wer sind diese Menschen, die in diesem Lande
Woche für Woche für Hunderttausende von Le-
sern publizieren dürfen, daß Auschwitz eine
Lüge war, daß man »in diesen Lagern« nicht
»umgebracht« hat. Welcher Nationalität sind
denn die Eltern, die ihren Kindern diese Zeitun-
gen geben? Welcher Nationalität sind denn die
Richter, die hier Gesetze nicht anwenden? Wel-
cher Nationalität sind denn Politiker, die hier
Gesetze am Ende gar nie beschlossen haben?
»Wir Deutsche!« − sind diese Worte nicht schon
wieder nur zaudernd auszusprechen?
Erich Kästners Vaterlandsliebe beschrieb die
Charakterfehler seines Volkes kraß, um dieses
Volk vor pauschalem Urteil Unberufener schüt-
zen zu können. In »Notabene 45«[21] klagt er an:
»Wir nehmen die Bibelzeile ›Seid untertan der
Obrigkeit, die Gewalt über euch hat!‹ wörtlicher
als andere Völker. Wir bleiben untertänige Un-
tertanen, auch wenn uns größenwahnsinnige
Massenmörder regieren. Und was uns an der
Empörung hindert, sind nicht nur die Fesseln.
Was uns lähmt, ist nicht nur die nackte Furcht.
Wir sind bereit, zu Hunderttausenden zu ster-
ben, sogar für eine schlechte Sache, doch immer
auf höheren Befehl. Wir opfern uns en gros und

auf Kommando. Wir sind keine Attentäter, auch für die edelste Sache nicht, gerade hierfür nicht. Unsere Attentate mißlingen. Es gehört zum Charakter. Wir sind politisch subaltern. Wir sind Staatsmasochisten. ›Euch liegt der Rohrstock tief im Blut‹, habe ich einmal geschrieben. Den Rest an Einzelmut beseitigt die Erziehung. ›Es ist schade um die Menschen‹, sagt Indras Tochter im ›Traumspiel‹. Es ist schade um die Deutschen. Sie haben eine Tugend und ein Talent zuwenig. Es fehlt ihnen das Zeug zur Nation.«[22]

Ein Charakterfehler im Detail:

»Die Deutschen glauben nicht an das, was sie sehen, sondern an den Fahrplan. Und sie gehorchen ihm noch, wenn sie nicht mehr an ihn glauben. Ihr Gehorsam ist schwachsinnig. Er ist verbrecherisch. Und wenn man sie anklagt, zeigen sie mit Fingern auf den Fahrplan. Dann schreien sie: ›An die Laterne mit ihm!‹«[23]

Aber dieser, auf Deutsche wütende Mann ließ den Siegern nicht die große Pose der alles Deutsche aburteilenden Selbstgerechtigkeit:

»Was sie getan hätten, sei unsere Aufgabe gewesen. Wir, die deutsche Minorität, hätten versagt. Das ist ein zweideutiger Vorwurf. Er enthält nur die halbe Wahrheit. Sie verschweigen die andere Hälfte. Sie ignorieren ihre Mitschuld. Was sie verschweigen, macht das, was sie aussprechen,

zur Phrase, und wir sind im Laufe der Zeit gegen
Phrasen sehr empfindlich geworden. Auch ge-
gen liberale Phrasen. Auch gegen Phrasen aus
Übersee. Die Sieger, die uns auf die Anklage-
bank verweisen, müssen sich neben uns setzen.
Es ist noch Platz.

Wer hat denn, als längst der Henker bei uns öffentlich umging, mit Hitler paktiert? Das waren
nicht wir. Wer hat denn Konkordate abgeschlos-
sen? Handelsverträge unterzeichnet? Diploma-
ten zur Gratulationscour und Athleten zur
Olympiade nach Berlin geschickt? Wer hat denn
den Verbrechern die Hand gedrückt statt den
Opfern? Wir nicht, meine Herren Pharisäer! Sie
nennen uns das ›andere‹ Deutschland. Es soll
ein Lob sein. Doch Sie loben uns nur, damit Sie
uns desto besser tadeln können. Beliebt es Ihnen, vergessen zu haben, daß dieses andere
Deutschland das von Hitler zuerst und am läng-
sten besetzte und gequälte Land gewesen ist?
Wissen Sie nicht, wie Macht und Ohnmacht im
totalen Staat verteilt sind? Sie werfen uns vor,
daß wir nicht zu Attentaten taugen? Daß noch
die Trefflichsten unter uns dilettantische Einzel-
mörder unübertrefflicher Massenmörder waren? Sie haben recht. Doch das Recht, den ersten Stein gegen uns aufzuheben, das haben Sie
nicht! Er gehört nicht in Ihre Hand. Sie wissen
nicht, wohin damit? Er gehört, hinter Glas und

katalogisiert, ins Historische Museum. Neben
die fein säuberlich gemalte Zahl der Deutschen,
die von Deutschen umgebracht worden sind.«[24]
Und in einem Epigramm »Deutschland 1948 /
Adresse an die Großmächte«[25] las sich das so:

> »Man kann ganz ruhig drüber sprechen:
> Auch wenn ihr die Kausalitäten verehrt
> und wenn ihr der krassen Gerechtigkeit
>   huldigt, –
> neue Dummheiten werden durch alte
>   Verbrechen
> höchstens erklärt,
> bestimmt nicht entschuldigt.«[26]

Die Chronik, die Kästner hinterlassen hat, wird
brauchbar sein, wenn eines Tages Leute überaus
überrascht sein sollten, wenn sich der National-
sozialismus als wahrlich unbewältigt erweist.
Die Abfolge der Beobachtungen zu diesem Thema beweist: die Trägheitsgesetze, besonders die
der deutschen Justiz, haben eine moralische Er-
neuerung unmöglich gemacht.
Eine Erwähnung einer Erwähnung aus dem Jahre 1947:
»Eine Journalistin, die seinerzeit in die Aktion
der Geschwister Scholl verwickelt und deshalb
ein Jahr im Gefängnis gewesen war, mußte sich
neulich, um ein Ausreisevisum zu erhalten,

ein ›Führungszeugnis‹ beschaffen. Als sie es bekam, fand sie unter der Rubrik ›Polizeiliche Strafen‹ folgenden Vermerk: Im Jahre 1943 vom Volksgerichtshof zu einem Jahr Gefängnis verurteilt ›wegen Unterlassung einer Verbrecheranzeige‹! Der Platz vor der Münchner Universität heißt seit längerem Geschwister-Scholl-Platz. Die Tat und das Opfer der Münchner Studenten sind von der Welt in Andacht gerühmt worden. Und die deutsche Polizei führt die Teilnahme an diesem hochsinnigen Versuch, für die Freiheit des Geistes zu kämpfen, in ihren Akten unter der Rubrik ›Vorstrafen‹! Die Scholls gelten hier als Verbrecher und der Volksgerichtshof Freislers als ein anerkanntes Rechtsinstitut! Ob man einmal wen hinschickt, der den Beamten verrät, daß das Dritte Reich seit bald zwei Jahren vorüber ist?«[27]

Man wird schon geschickt haben. Nur, etwa dreißig Jahre später meinte ein windiger deutscher Politiker, dessen Dreck am Stecken zum Stinken gebracht wurde, es könne heute nicht Unrecht sein, was damals Recht war. Die Verbindungslinie der beiden Episoden ist eine Gerade. Die Zeugung der Teilung Deutschlands war Kästner zunächst nicht die nationale Katastrophe, ein tragischer Akt historischer Dimension. Was späterhin und heute nur als das gehandelt werden darf, war ihm – abermals – primär

Ergebnis und Ausdruck von Dummheit. Dies nachzulesen tut wohl:

»Die innerdeutsche Entfremdung, von der bereits die Rede war, stellt sich am sinnfälligsten im ›Zonendeutschtum‹ dar. Hierbei handelt es sich um eine moderne Krähwinkelei, nicht weniger blamabel als die früheren Spielarten lokalpatriotischer Herkunft. Man ist zunächst einmal anglophil, russophil, frankophil, je nach der ortsansässigen Besatzung, und betreibt diese Philisterei, vor allem unterm Gesichtspunkt der Abgrenzung und Selbstgenügsamkeit, mit kindischer Leidenschaft. Dadurch werden die internationalen Spannungen auf deutschem Boden erhöht, statt reduziert. Es geht zu wie bei einem Tauziehen, wo sich die Kleinen, die eigentlich noch gar nicht mitspielen sollen, strampelnd und krähend an die Seilzipfel und an die Hosenbeine der Großen hängen. Es ist immer das alte Lied: Entweder wollen wir die Welt erobern oder zwischen Garmisch und Partenkirchen Grenzpfähle errichten. Uns auf normale Weise als Volk zu empfinden, liegt uns nicht besonders. Es wäre zu natürlich. Der gesunde Menschenverstand war noch nie unsere Stärke.«[28]

Nun sind die Kleinen längst nicht mehr klein. Das Tauziehen hat sich auf ein Finale reduziert. Gestrampelt, gekräht und an den Hosenbeinen der Großen gehängt wird nach wie vor.

Es stellt sich die Frage, welches Deutschland dem Erich Kästner mit der wieder großwerdenden Bundesrepublik wieder aufgebaut worden war.

Im Jahre 1951 entstand in München ein Kabarett, dessen Namen »Die Kleine Freiheit« in einem Opening-Lied[29] erklärt wurde. Kästners Text greift immer noch, besonders aber das letzte Wort dieser Strophe. Was ironische Hoffnung war, hat sich zu Zynismus gewandelt.

> »Die große Freiheit ist es nicht geworden.
> Es hat beim besten Willen nicht gereicht.
> Aus Traum und Sehnsucht ist Verzicht
>   geworden.
> Aus Sternenglanz ist Neonlicht geworden.
> Die Angst ist erste Bürgerpflicht geworden.
> Die große Freiheit ist es nicht geworden,
> die kleine Freiheit − vielleicht!«[30]

Wenn wir heute die Begriffe »Sachzwang«, »Nachrüstung« und dergleichen Irrsinn mehr angreifen oder verhöhnen, dann müssen wir wissen, wie exakt Kästner die Anfänge gesehen und den Anfängen zu wehren versuchte.

1952 heißt es in einem Vorwort zu einer Sammlung:

»Während der ›Großen Lethargie‹ hatten wir

uns gelegentlich über die skurrilen Bewegungen
unserer durch öffentliche Wahlen bestellten
Vorturner gewundert. Wir hatten gemeint, sie
kehrten ihre Gesichter der Zukunft zu. Das war
ein fundamentaler Irrtum gewesen. Was wir für
Gesichter gehalten hatten, waren Masken. Die
Gesichter selber blickten sehnsüchtig in die Vergangenheit. Dort leuchteten ihre Ideale, und
dort winkten die Geschäfte. Dort leuchten ihre
Ideale, und dort winken ihre Geschäfte.«[31]
Wir haben im Namen Kästners nachzutragen:
Dort werden ihre Ideale leuchten und dort wer-
den ihre Geschäfte winken.

»Über den Satz ›Si vis pacem, para bellum!‹ lachen nicht einmal mehr die Lateinschüler, höch-
stens noch die Hühner. Man baut Flugzeuge und
Panzer nicht, um sie eines Tages fabrikneu zu
verschrotten. Solch eine Fehlinvestition kann
sich kein Kanonenkönig und kein Kanonenprä-
sident leisten. Und wenn das lateinische Zitat je-
mals einen Sinn gehabt hat, dann nur den, daß es
einem Rüstungsfabrikanten den Taufnamen für
eine Schußwaffe lieferte, für die Parabellum-Pi-
stole. Mehr war auch nicht zu erwarten.«[32]
War wirklich nicht mehr zu erwarten?

Es kann für unsere Generation nur oberflächlich
erahnbar sein, was ein Antimilitarist empfunden
haben muß, als der Militarismus abermals wiedererstehen durfte, nachdem er schon einmal

wiedererstanden war, als Leute wie Kästner sich
gegen sein Wiedererstehen verbissen gewehrt,
die Folgen des Wiedererstehens klar vorherge-
sagt und grausam rechtbehalten hatten.
Kästners kalte Wut widerspielt eine Kabarett-
Nummer »Solo mit unsichtbarem Chor«[33]. Der
General sagt von sich und seiner Zunft:

> »Wir haben ziemlich jeden Schwur
> geschworen und gehalten.
> Das liegt nun mal in unsrer Natur,
> und wir sind noch ganz die alten.
>
> . . .
>
> Hauptsache, daß wir wieder Ordnung
>   kriegen.
> Und das deutsche Rückgrat wieder grade-
>   biegen.
> Und daß wir wieder mal richtig liegen.
> Und, wenn es sein muß, zum drittenmal
>   siegen!«[34]

Keineswegs kann es in das gehandelte Kästner-
Bild passen, daß dieser Mensch noch beim
Ostermarsch 1961[35] auf dem Königsplatz in
München gesprochen und sich – auch unter Be-
rufung auf den Denker Weizsäcker – leiden-
schaftlich gegen die Befürworter nationaler
Atomrüstung gewandt hat. Im Zusammenhang
mit der Angst vor neuen Atomgenerälen, ge-

nauer: vor den alten Generälen mit neuem
Atom bewaffnet, hatte er die Besorgnis geäußert, »die SPD könne eines Tages in die CDU
eintreten . . .«[36]
Welch aktueller Beitrag zum Rüstungsgespräch
unserer Tage! Nein, Kästner hat es zu vielen Al-
tersleiden gebracht. Zur zweiten Zunge nicht.
Man kann Aussagen eines solchen Autors, wenn
sie ohne Witz sind, wenn sie ohne Pointe, ohne
Reim, ohne Aufputz dastehen, leicht banal finden. Man kann mühelos den Klugen spielen,
wenn man sagt: Wem sagt er das? Warum
schreibt er das auf?
Ich kann sagen, warum dieser Autor es sagt und
aufschreibt: Weil es sonst keiner tut. Weil es,
wenn es alle für zu banal, für zu selbstverständlich halten, ungesagt und ungeschrieben und un-
verstanden und ungelebt bleibt.
So fordere ich Leser unserer Tage auf, sich nicht
den Luxus zu erlauben, Sätze dieser Art lächelnd zu übergehen:
»Wenn ein kleiner Kaufmann nur den hundert-
sten Teil jener Fehler und Irrtümer beginge, die
sich die großen Männer der Geschichte im Al-
tertum, im Mittelalter und, dem Vernehmen
nach, auch in der neueren Zeit geleistet haben,
käme er aus dem Bankrott und dem Gefängnis
überhaupt nicht mehr heraus.«[37]
Wir sind heute wieder einmal so weit. Anklagen

wären zu erheben. Da gibt es Entscheidungsketten, deren Initiatoren den Eid verletzt haben,
der sie verpflichtet »Schaden vom Volk abzuwenden«. Zellen lechzen nach einem Rudel trotziger Idioten. Die Einzigen, die das dumpf spüren, sind die anklagend revoltierenden Jungen.
In dem Maße, in dem wir diese direkte Bilanzprüfung für nicht sinnvoll halten, werden wir das
Gespräch mit einer Generation nicht mehr führen können. Werden wir ihnen den Irrtum,
Recht auf Standrecht zu haben, nicht rechtzeitig
ausreden können.

Eine andere Stelle von fürchterlicher Brauchbarkeit. Brauchbar in zweierlei Hinsicht: was
die Definition des Trägheitsprinzips der − gewordenen − Irrtümer und was das Los der Widerredner anbelangt:

»Die Gemeinschaften merken nicht, wenn und
wann ihre Konventionen altern. Sie merken's
auch nicht, wenn diese mausetot sind. Und die
Repräsentanten der Gemeinschaften? Sie *wollen* es nicht merken. Sie verteidigen die Totems
und Tabus mit Krallen und Klauen, mit Bann
und Acht. Jene Männer, die mit dem Finger auf
das Welken und Sterben der alten Regeln zeigen
und neue, lebendige Regeln fordern, sind ihre
natürlichen Feinde. Luther, Swift, Goya, Voltaire, Lessing, Daumier und Heinrich Heine waren solche Spielverderber. Sie gewannen den

Kampf. Aber erst nachdem sie gefallen waren.«[38]

Ich habe keine Mühe für »Totems und Tabus« etwa die Wachstumsideologie einzusetzen. Nicht minder mühelos wäre das Aufzählen von Leuten, die lange vor dem Sieg fallen werden. Vielleicht nicht mehr fallen. Nur mehr zugrunde gehn.

Die Kritik am bedingungslosen, wertfreien und daher zerstörerischen Wachstum versucht sich politisch zu organisieren. Noch machtlos in den großen politischen Gruppierungen, noch machtlos als eigene Gruppierung. Bücher, die zwischen qualitativem und quantitativem Wachstum unterscheiden, zwischen wertkonservativ und strukturkonservativ, zwischen dem Menschen angepaßter und nicht angepaßter Technologie, häufen sich. Ihr jeweiliges Quellenverzeichnis ist schier endlos.

Wir begreifen nicht, wie Politiker von Verstand und Anstand die Zeichen so übersehen konnten. Der Schmerz, den man angesichts der Machtlosigkeit engagierter literarischer Appelle empfindet, teilt sich mit dem Schmerz angesichts der Machtlosigkeit des Besserwissens und des Vorherwissens nicht moralfreien wissenschaftlichen Denkens.

Heute wollen die Jungen die Großindustrien des Unterganges ihrer Lebensqualität kurz und

klein hauen. Und da sie das nicht können, produzieren sie Scherben, deren Sinn die Gesellschaft einzusehen wesentlich mehr Mühe hat, als
den Sinn von Wirtschaftskriegen.

In diesem Zusammenhang steht für mich dieses
Kästner-Zitat aus dem Jahre 1953:

»Der Fortschrittsglaube, diese Ersatzreligion,
hat Selbstmord begangen. Der Rückschritts-
glaube hat ihn abgelöst, ein anderer Aberglau-
be, genauso sinnlos und genauso gefährlich. Ab-
gelebte Werte lassen sich nicht galvanisieren. In-
mitten ihrer Ruinenwelt sind Kunst und Wissenschaft, Entdeckung und Erfindung, Handel und
Technik ruhelos am Werk, zum Ruhm der Sache
und der Zahl, jenseits von Gut und Böse, ohne
Bindung. Wissenschaft und Technik − wozu?
Damit wir noch schneller, noch exakter, noch
raffinierter ins Verderben rennen? In eine Hölle
und in einen Himmel, an die wir nicht mehr
glauben?«[39]

Ich vergleiche vorsätzlich das Wachsen der
Wachstumsideologie mit dem Wachsen der Na-
zi-Ideologie − in ihrer quasi noch »idealen« Pha-
se. Was die Zwanzigerjahre anbelangt, haben
die Leute uns nach dem Krieg gesagt, sie hätten
nichts geahnt und nichts gewußt. Also hatten sie
nichts gelesen. Das Spiel wiederholt sich heute.
Selbst Menschen, die klar sagen, es ginge so
nicht mehr weiter, es sei drei nach Zwölf, beste-

hen auf der Unschuld ihrer großen Überlegungen in den Fünfzigerjahren. Wieder hatten sie nichts gelesen.

Erich Kästner war zum zweiten Mal in seinem Leben zum Propheten geworden. Nicht mehr so kraftvoll, nicht mehr so wütend, nicht mehr so funkelnd.

Aber die entscheidenden Worte wurden gesagt. »Ruhm der Zahl«, »schneller ins Verderben«. Gesagt wurde das – und jetzt wird's ja schon fast komisch – auf einer Rede anläßlich einer öffentlichen Kundgebung für das Jugendbuch. Es war also eine Rede, die sich auf Jugend bezog, auf das Gespräch mit Jugend. Wer hat also heute die Schamlosigkeit, Fassungslosigkeit zu empfinden, wenn eine Jugend sich so zu diesem entstandenen, ihr vorgegebenen Lebensraum stellt?

Haben Politiker Kästner damals nicht gekannt? Aber sicher. Sie haben ihren Kindern auch das »Doppelte Lottchen« geschenkt.

In Zeiten, da Jugendliche *jene* Welt ohne Skrupel zerstören wollen, von der sie mit Recht annehmen, daß sie auf Dauer nur *ihre* Welt zerstört, klingen diese Reime untergewichtig, aber sie stimmen.

Kästner gibt – schon 1946 – der Jugend so das Wort:

»Ihr wollt erklären und bekehren.
Wir aber denken ungefähr:
›Wenn wir doch nie geboren wären!‹
Es heißt: Das Alter soll man ehren . . .
Das ist mitunter, das ist mitunter,
das ist mitunter furchtbar schwer.«[40]

Die Jugendlichen sagen heute ihr ungefähres
»Wenn wir doch nie geboren wären!« in die
Richtung der Experten des Fortschrittglaubens
und des Rückschrittglaubens.

Beim Verfassen dieses Manuskripts habe ich gelegentlich Anfälle von Depression gehabt (die
sich bei mir immer als Wut äußert), weshalb ich
das Risiko eingegangen bin, das Gesamtwerk eines toten Satirikers nachzulesen. Die Massie-
rung von Bündigkeit, die einem da vorliegt, mit
der Gegenwart einer Nachfolge-Generation
schneiden zu müssen, macht tobsüchtig.
Wir leiden heute wie die Hunde unter der Diktatur der Experten, unter dem Terror der Fachleute. Wie bodenlos einfach liest sich das bei Kästner in einem »Märchen von der Vernunft«.[41]
»Und es gibt gewiß für Fachleute keine ärgere
Qual als die, lächelnden Gesichts einem vernünftigen Vorschlage zu lauschen. Denn die
Vernunft, das weiß jeder, vereinfacht das
Schwierige in einer Weise, die den Männern

vom Fach nicht geheuer und somit ungeheuer-
lich erscheinen muß.«[42]

Der Anblick der Meinungen Kästners wäre ohne die Meinungen zur Kultur arg unvollständig.
Kästner war, wie jeder politisch engagierte und
Kultur betreibende Mensch Kulturpolitiker.
Die Kulturpolititk, unter der wir leiden, kommt
so zustande:
Menschen, die Kultur betreiben ohne Politik zu
begreifen, kriechen Menschen in den Hintern,
die Politik betreiben ohne Kultur zu haben.
Es versteht sich von selbst, daß Erich Kästners
Kulturbegriff ein sozialer war. Wenn wir heute
die Elitekultur und innerhalb der Elitekultur deren immer noch von der hilflosen Allgemeinheit
subventionierte In-Group Kultur bekämpfen,
und dies nicht immer aus künstlerischen, weit
häufiger aus kulturweltanschaulichen Gründen,
dann haben wir in Kästner einen Zeugen.
Ihm war »Kulturkrise« der Zustand, wenn wenige nur noch von wenigen »verstanden« werden.
»Dem Kulturspezialistentum einiger entspricht
ein Kulturanalphabetentum aller. Das verzück-
te Getue von ein paar tausend Snobs verwischt
zwar den Eindruck, ändert jedoch nichts an der
Tatsache.«[43]
Auch diese Feststellung wird im Fernsehzeitalter erhärtet. Da will sich ein Klüngel in Salzburg

und anderwärts ein Alibi dafür verschaffen, daß etwa in der Fernsehunterhaltung Völker systematisch verblödet werden.

Es bietet sich das Gedankenspiel an, ob Kästner heute vom Fernsehen als Autor stark beschäftigt würde. Keine Frage, man würde ihn um Jugendserien für das Familienprogramm bitten. Ob man ihn um ein Chanson zur Nachrüstung bitten würde, halte ich für unwahrscheinlich. Ich glaube auch nicht, daß man ihn fragen würde, was Satire ist, man würde es auch ihm erklären wollen.

Satiriker aller Generationen haben sich chronisch verpflichtet gefühlt, Satire zu definieren. Es scheint ihnen einerseits ein Bedürfnis zu sein, da ja die Anmaßung, von einer Schreibmaschine aus dieser Welt zu widersprechen, immer wieder einer theoretischen Abstützung bedarf; es scheint ihnen andererseits von einer Gesellschaft immer wieder abverlangt worden zu sein, die der Satire einmal die moralische, dann die politische und dann wieder die künstlerische Autorität absprechen will und muß. Kästner sagt über den Satiriker:

»Ihn plagt die Leidenschaft, wenn irgend möglich das Falsche beim richtigen Namen zu nennen. Seine Methode lautet: Übertriebene Darstellung negativer Tatsachen mit mehr oder weniger künstlerischen Mitteln zu einem mehr oder

weniger außerkünstlerischen Zweck. Und zwar
nur im Hinblick auf den Menschen und dessen
Verbände, von der Ein-Ehe bis zum Welt-
staat.«[44]

Man sieht, die Definition ist an einer entscheidenden Stelle unexakt, weil sie es dort sein muß.
»Mehr oder weniger«, heißt es. Und da haben
nun die Betroffenen, die Beleidigten zu allen
Zeiten die Möglichkeit, Satire abzuwerten. Sie
fordern ganz einfach jeweils das Gegenteil von
»mehr« und das Gegenteil von »weniger« und
haben mit dieser Forderung nie Unrecht. Recht
auch nie, aber darum geht es ihnen ja nicht.

»Es ist ein ziemlich offenes Geheimnis, daß die
Satiriker gerade in Deutschland besonders
schwer dran sind. Die hiesige Empfindlichkeit
grenzt ans Pathologische.«[45]

An dieser Stelle fehlt mir die Vermutung, wonach diese Empfindlichkeit Kompensation eines
begründet elenden Gewissens sei.

Aber in der Folge nimmt Kästner alles vorweg,
was uns das Fernsehzeitalter in Vollendung beschert hat.

»Der Weg des satirischen Schriftstellers ist mit
Hühneraugen gepflastert. Im Handumdrehen
schreien ganze Berufsverbände, Generationen,
Geschlechter, Gehaltsklassen, Ministerien,
Landsmannschaften, Gesellschaftsschichten,
Parteien und Haarfarben auf. Das Wort ›Ehre‹

wird zu oft gebraucht, der Verstand zu wenig und die Selbstironie − nie.«[46]
Ich bleibe dabei: Kästner müßte heute zugeben, daß diese Gesellschaft sich Selbstironie nicht mehr leisten kann. Der Ansatz dazu wäre Suizid.

Unsere mediale Kastration hatte Kästner schon 1956 anläßlich einer Heinrich Heine-Gedenkfeier klar beschrieben:
»Wir haben keine Zensur, weil wir keine brauchen. Wir haben, fortschrittlich, wie wir nun einmal sind, die Selbstzensur erfunden. Wir sitzen am Stadttore der Großgemeinde Schilda und häkeln unseren Maulkorb selbst.«[47]
Tief verankert ist diese Haltung in der »großdeutschen Kunstlehre«, aus der Kästner eine Einlassung »Die Wirklichkeit als Stoff«[48] zitiert.

»Die Zeit zu schildern, ist eure heilige Pflicht.
Erzählt die Taten! Beschreibt die
    Gesinnungen!
Nur, kränkt die Schornsteinfeger nicht!
Und kränkt die Jäger und Briefträger nicht!
Und kränkt die Neger, Schwäger, Kranken-
    pfleger
und Totschläger nicht!

Sonst beschweren sich die Innungen.«[49]

Das Wort von der Ausgewogenheit scheint
Kästner zu Lebzeiten erspart geblieben zu sein.

Kästner hat für Kabarett geschrieben. Was an
Kabarett gedruckt wird, ist immer etwas, was
Autor oder Herausgeber für Literatur halten,
wird dadurch Literatur. Der Text hat das kleine
Podium verlassen.
Es gehört jedenfalls zum Selbstverständnis der
Kabarett genannten, satirischen, szenischen
Spielform, daß ein Autor wie Erich Kästner sich
dieses Mediums bedient hat. Die Zusammenge-
hörigkeit ist geradezu körperlich. Kästner war
also auch Mitarbeiter jener permanenten Krise,
die immer die vorangegangene große Zeit zu
überwinden hatte.
Kabarettisten, die sich auch nur ein klein wenig
mit der Geschichte ihrer Zunft beschäftigt haben, haben gelegentlich Mühe über Journalisten
zu lachen, die auf Zeiten verweisen, da das deutsche Kabarett groß und bedeutend gewesen ist.
Kästner war Tatzeuge des Vor- und Nachkriegskabaretts. So darf ich zitieren — es wird nichts
nützen —, daß er 1946 ein neues Kabarettensem-
ble lobte und meinte, man könne zwei weibliche
Mitglieder »schon jetzt auf der Gewinnseite des
kleinen, immer klein gewesenen Kontos ›Deutsches Kabarett‹ verbuchen.«[50]
Noch ein Gedankenspiel: Ich frage mich, welche

Nummern Erich Kästner heute für ein Kabarett-Programm würde schreiben wollen. Ich bin mir sicher, es zu wissen. Erich Kästner wäre, falls eine solche Hochrechnung erlaubt ist, heute ein ziemlich Grüner. Ihm war eine heile Natur Garant für das Weiterleben.

Dazu eine Strophe aus dem späten Gedicht »Die Maulwürfe«[51], in dem die Menschen »krank von den letzten Kriegen tief in die Erde« hinuntersteigen.

Ich glaube, es ist erlaubt, als einen dieser »letzten« Kriege einen Wirtschaftskrieg zu begreifen, eine ökologische Endzeit.

> »Ihre Neue Welt glich gekachelten Träumen.
> Der Horizont war aus blauem Glas.
> Die Angst schlief ein. Und die Menschheit
> vergaß.
> Nur manchmal erzählten die Mütter von
> Bäumen
> und die Märchen vom Veilchen, vom Mond
> und vom Gras.«[52]

Eines Tages keine Meinung mehr haben oder äußern zu wollen, ist eine Meinung. Man nennt sie Resignation. Der späte Erich Kästner hatte diese Meinung zu vertreten.

Er hat sein vorzeitiges, satirisches Verstummen begründet. Er könne nicht sein Leben lang ge-

gen dasselbe schreiben, meinte er. Da hatte er
für sich recht, machte sich aber eine Eigenheit,
wenn man will: einen Fehler, seines Schaffens
nicht klar. Kästner schrieb überwiegend über
das Prinzip, das Allgemeine. Er schrieb über
»den Krieg«, »die Diktatur«, »die Spießer« usf.
Er schrieb über die Begriffe. Da wird verständlich, daß es während einer lebenslangen Kon-
frontation zu gültigen, für den Autor endgülti-
gen Formulierungen kommt. Irgendwann einmal werden neue Texte Variationen alter und so
für den Verfasser müßig. Das gilt für schriftstellerisches Verfahren, das auf den Einzelfall, das
Detail und vor allem auf die Recherchen verzichtet. Von Kästner existiert kaum etwas, auch
nicht bei den Kabarettexten, das einen tagespo-
litischen, einen regionalen Vorgang darstellt.

Als Kästner, 1956, einen Auswahlband einzulei-
ten hatte, veranlaßte ihn die Wiederbegegnung
mit dem »Elan eines jungen Menschen, der an
die Macht des vernünftigen Wortes glaubte«[53]
zur Formulierung seiner Resignation. Da sprach
er zwar noch von den »Formgestaltern des dritten Weltkriegs«[54], aber sonst wars nur noch lei-
ser Feuilletonismus.
»Man altert nicht von ungefähr. Man rennt nicht
ungestraft ein Leben lang mit demselben Kopf
gegen dieselbe Wände. Immer wieder kommen

Staatsmänner mit großen Farbtöpfen des Wegs
und erklären, sie seien die neuen Baumeister.
Und immer wieder sind es nur Anstreicher. Die
Farben wechseln, und die Wände bleiben. Und
der Kopf tut manchmal weh. Die Feindschaften
wechseln, und die Feindschaft bleibt. Die
Dummheiten wechseln, und die Dummheit
bleibt.«[55]
Die Kraft, die Resignation zu gestalten, war
Kästner nicht geblieben.
Denn:
»Die Zukunft hat wieder einmal nicht begon-
nen. Die Zukunft wurde wieder einmal vertagt.
Sorgen Sie weiter dafür, daß sie auf der Tages-
ordnung bleibt! Der gesunde Menschenverstand
ist nicht der Hanswurst der Politik. Die Humani-
tät ist nicht der dumme August der Geschichte.
Mein Wunsch lautet: Bleiben Sie vernünftig und
unerbittlich! Und dieser Wunsch gilt auch in der
Umkehrung: Bleiben Sie unerbittlich und
vernünftig!«[56]
Das »Sie« ist betont zu lesen.

Stücke und Filme
Kästner und die Kinder

Darmstadt 1932. Das ursprüngliche Hörspiel »Leben in dieser Zeit« in einer seiner Bühnenrealisierungen.

Im selben Jahr dieselbe Revue — in Breslau.

Komponist des 1929 vom Breslauer Rundfunk uraufgeführten Hörspiels war Edmund Nick.

»Die Schule der Diktatoren« − der große Dramenversuch.

Das Stück wurde 1957 an den Münchner Kammerspielen uraufgeführt. Es blieb umstritten.

Das Planspiel über den Mechanismus von Macht bleibt in
der Ausführung hinter seiner Vision zurück.

»Dann schon lieber Le-
bertran«, einer der vielen
Lustspiel-Filme von und
nach Kästner, 1930.

»Der kleine Grenzver-
kehr«, 1942.

»Drei Männer im
Schnee«, 1955.

»Die verschwundene
Miniatur«, 1954.

»Liebe will gelernt sein«,
1962.

»Salzburger Geschich-
ten«, ein Remake von
»Der kleine Grenzver-
kehr«, 1957.

Diese Figur prägt den Filmautor Erich Kästner in der Erinnerung.

Hans Albers als »Münchhausen«, 1943 in Berlin uraufgeführt.

»Emil und die Detektive« als Theaterstück, 1947 im Metropoltheater in Berlin.

Und hier eine Filmszene aus dem im Jahre 1932 gedrehten Film »Emil und die Detektive«.

Autor und Regisseur mit den lange gesuchten Darstellerinnen des »Doppelten Lottchen«, 1950.

Die Zwillinge, die sich fest vorgenommen haben, die Ehe ihrer Eltern wieder zu kitten, in Aktion.

Der Autor und
»Das fliegende
Klassenzimmer«,
1954.

Ein Kästnersches Leitmotiv in dieser Szene: Das Verhältnis
zwischen Lehrern und Schülern, zwischen Pädagogen und
Kindern.

Ein Kuß vom
»Pünktchen« für
den alten Dichter,
1972.

Klar, daß der deutsche Film dazu neigte, den Kern der Kindergeschichten des Erich Kästner zugunsten von Lieblichkeit und allgemeinem Entzücken wegzudrücken.

Dramatische Schatten

Als Dramatiker ist Erich Kästner gescheitert. Damit ist nicht gesagt, wie weit seine dramatische Anlage gereicht hätte,

- hätte sie nicht eine militante Gegenmode gegen sich gehabt,
- hätte man sie für Arbeiten auf dem Gebiet zwischen moderner Oper und Musical genutzt,
- hätte Kästner die Kraft gehabt, seinen Figuren etwas von deren eigener Sprache zu lassen.

Zu diesen drei Punkten ein paar Ergänzungen: Wenn einer zwanghaft Wert darauf legt, selbst Mode zu werden, dann hat er nur zwei Chancen: Entweder seine Eigenart ermöglicht die Koexistenz mit der herrschenden Mode, oder sein Talent und seine Kraft sind so überragend, daß sie alles sprengen. Beides trifft auf Kästner nicht zu. Kästner hatte schon 1929 mit Edmund Nick ein musikalisches Hörspiel gemacht, »Leben in dieser Zeit«[1], in dem viele später als einzelne Ge-

dichte veröffentlichte, teils überarbeitete Song-
texte von Chorstimmen kommentiert wurden.
Theater führten dieses Hörspiel auf. Es hatte alle Anlagen zur Literarischen Revue. Die Zeit, in
der Kästner überlebte, hatte für diese Form keine Verwendung mehr. Für einen Librettisten
Kästner war es ein »Leben in falscher Zeit«.
Kästner war als Dramatiker Opfer großer Kon-
zepte, aus denen er nicht oder nur noch mit Mühe herausfand. Und er war Opfer seiner permanenten Lust, sich Sprachduelle zu liefern. Als
Dialogpartner duldete er nur Puppen oder sich.
Die Mode, die Kästner gegen sich hatte, hat er in
einem Vortrag zum Drama[2] näher bezeichnet:
»Die Geschichte des Dramas ist Baugeschichte,
und sie reicht, genau wie die Geschichte der übrigen Architektur, von der mykenischen Burg
bis zum ›Bauhaus‹ und zur Wohnmaschine.
Manches wurde Stil. Manches blieb Mode. Ku-
riosität ist Originalität hinterm Komma. Gegen-
wärtig sind, als aparte Neuheit, Häuser ohne Türen Mode, Türen ohne Klinken und Klinken ohne Türen, und das Dach findet im Keller statt.
Das Sinnlose auf so tiefsinnige Art darzutun,
scheint mir eine Beschäftigung von Snobs für
Snobs zu sein. Es ist Tiefsinnlosigkeit.«[3]
Seine Lust an der musikalischen Form deutete er
an, als er beschrieb, wie er − dank zufälligen
Verlegerinteresses − 1928 Kinderbuchautor

wurde. Damals hätte er sich an jeder Form versucht — wenn man es ihm angeboten hätte, auch
an einem Opernlibretto.[4]

Was seine Art der Dialogführung im Drama betrifft, war er sich der Einwände bewußt. In einer
Vorbemerkung zu »Die Schule der Diktatoren«[5]
sagte er 1956:

»Es ist keine Satire, sondern zeigt den Men-
schen, der sein Zerrbild eingeholt hat, ohne
Übertreibung. Sein Zerrbild ist sein Porträt.
Kann ein solches Stück herkömmlich dankbare
Rollen haben? Nein. Einen nuancierenden, die
Figuren unterscheidenden Dialog? Nein. Eine
Entwicklung der Charaktere? Nein. Tragische
Konflikte? Nein! Dergleichen läßt der degra-
dierte, der auf den Hinterbeinen tanzende
Mensch nicht zu.«[6]

Bei — im Grunde — *dem* Theaterstück Kästners,
waren ein bis zwei »Nein« zuviel.

Kästner hat in der Einschätzung der Idee dieses
Stückes völlig Recht. Nur, Theaterstücke müssen selbst auch noch Recht behalten. Unge-
schwindelt und ungelogen, wie die eines solchen
Autorentyps naturgemäß sind, doppelt. Denn
sie liegen vor. Sie zeigen die Brust ihres Verfas-
sers entblößt.

Kästners Traum vom Drama definierte sich von
Georg Büchner her. Er entdeckte an
»Wozzeck«[7] die Möglichkeit des Begriffs »Tra-

gedia dell'Arte«[8] und suchte so für sich »das seinerzeit von Dramatikern nicht nur unbesiedelte,
sondern überhaupt noch nicht entdeckte Gebiet
der tragischen Groteske.«[9]

»In diesem Zusammenhange wird man es mir
nicht als Vermessenheit auslegen, wenn auch ich
mich, mit meiner Komödie ›Die Schule der Diktatoren‹, als Schüler und Schuldner Büchners
bekenne.«[10]

Diese Schuld blieb Traumdenken. Büchners Figuren haben alle Sprachfarben, bis zur Sprachlo-
sigkeit. Das haben Kästners Figuren nicht. Sie
sind Puppen in einem Planspiel. »Die Schule der
Diktatoren« ist ein imponierend konzipiertes
Planspiel. Die Mechanismen der Macht, der
Machtergreifung und der Machterhaltung werden – so verächtlich es irgend geht – karikiert.
Die herrschenden und die duldenden Figuren
lassen mit ihrem dummen Bösesein und ihrem
bösen Dummsein dem positiven Revolutionär
keine Chance. Aber Planspiel bleibt Planspiel.
Gedankenschach mit Unmenschen kann nicht
interessieren. Ich meine »Interesse« im Sinne
Lessings, auch eines Lehrers des Erich Kästner.
Was bleibt sind Sentenzen. Manche davon sind
wieder direkte Meinung, zeichnen also das Porträt des Autors weiter:

»KRIEGSMINISTER: Wieder ein Student! Bildung ist staatsgefährlich.

LEIBARZT (gutgelaunt): Medizin hat zum Glück nichts mit Bildung zu tun.«[11]

Der erste Satz kann bereits als Allgemeingut gelten. Der zweite beginnt sich erst langsam herumzusprechen.
Weitere Gültigkeiten:

»KRIEGSMINISTER: Ungehorsam ist eine Krankheit, die hierzulande tödlich verläuft. Das lernt man schon in der Schule.«[12]

Die Rolle »Der Siebente« ist die des Revolutionärs.

»SIEBENTER: Das Zeitalter der Tragödien ist vorbei. Es gibt nur noch Unglücksfälle. Wie an Straßenkreuzungen.«[13]

Einmal wenden sich die Bühnenfiguren in den Zuschauerraum und begreifen die Zuschauer als ihre Untertanen.

»KRIEGSMINISTER: Die Leute sehen aus, als seien sie lange nicht eingesperrt gewesen. Vollgefressen und unverschämt.«[14]

Der »Professor«, der Männer zu beliebig auswechselbaren Diktatoren-Marionetten dressiert, sieht die zukünftigen Aufgaben der Wissenschaft exakt so, wie wir sie heute überstehen müssen, beziehungsweise sollten:

»PROFESSOR: . . . Der Mensch als dressiertes Meerschweinchen genügt den Ansprüchen nicht mehr. Wozu haben wir staatliche Forschungsinstitute? Wir müssen ihn weiterentwickeln. Zur ferngesteuerten Maschine, die exakt funktioniert und paarweise neue Maschinen liefert.«[15]

Der später scheiternde Revolutionär sieht klar.

»SIEBENTER: Die Menschheit hat auf sich verzichtet. Büchsenkonserve in der Konservenbüchse zu sein, das ist aller Traum. Das Blecherne Zeitalter ist angebrochen.«[16]

Obiger Bemerkung muß aus historischen Gründen der Hinweis auf das Verhältnis des Menschen zu tiefgekühltem Plastik fehlen.
Eine hellsichtige Einschätzung der Technokraten nimmt einer der Gegenspieler vorweg:

»MAJOR: . . . Einen fanatischen Buchhalter für harmlos zu halten, ist kindisch. Menschen sind für ihn Ziffern hinterm Komma.«[17]

Und das der Gipfel des Zynismus über Zynismus. Es ist von einem giftigen Praliné die Rede, das »Mühe erspart« hätte. Dazu:

»MAJOR: . . . ein Volk zur Sau machen und
dann an einem Praliné sterben, das hat keine Proportion.«[18]

Erich Kästner hat für sein Stück gekämpft, als er
für das »Individuum« Drama kämpfte. Doch so
sehr er auch recht hat mit folgender Polemik,
sein Stück »Die Schule der Diktatoren« ist als
Beweismittel nicht geblieben.
»Der Dramatiker muß sich dem Drama unter-
werfen, oder er verletzt den eigenen Traum. Er
muß sich der Ordnung unterordnen, die er provoziert hat . . .
Das Drama ist nur noch Individuum. Dagegen
hilft kein Klassenkampf. Und das hervorragende Drama ist nichts als Persönlichkeit. Damit
wurde aus der Dramaturgie des Dramas das
Drama der Dramaturgie. Kritik und Ästhetik
müssen ohne Tafeln, ohne Tabulatoren und ohne Baedeker zurechtkommen, genauer: sie
müßten. Der Beckmesser ist keine komische,
sondern eine traurige Figur. Ihm hilft die Elle
nicht und nicht der Ellbogen. Und die Merker
merken nichts. Sie merken nicht einmal, daß sie
nichts merken.«[19]

Wie der Roman »Fabian« reine Unterhaltungsromane − nun ja, doch − gegen sich hat, hat das
Stück »Die Schule der Diktatoren« eine Boule-

vardkomödie gegen sich, das Lustspiel »Zu treuen Händen.«[20]

Es wurde 1949 unter Pseudonym[21] uraufgeführt. Kästner wollte seinen richtigen Namen für *sein* Büchner-Drama sparen.

Einem Lustspiel dieser Art fehlt jede Vision. Es besteht aus Handwerk, Konvention und heute — es ist fast unfair, es zu sagen — schon unerträglichem Zeitgeschmack. Es ist aus zwei Gründen näher zu besehen. Erstens bestätigt es kraß, was ich über die Zwiesprache der Menschen bei Kästner gesagt habe. Zweitens ist es ein Dokument für Kästners Frauenbild.

Der Held des Stückes, ein Schriftsteller, hat eine Sekretärin. Die liebt ihn selbstverständlich — wie das alle auftretenden Figuren zu tun haben. Aber sie hat während der Diktate des Meisters offensichtlich eine Menge gelernt. So das Formulieren von Aperçus:

»DORA (nickt eifrig): Gerechtigkeit bringt zuviel Ordnung in die Welt. (stirnrunzelnd) Es entsteht so etwas wie Mathematik. Wenn man Diesundjenes mit Demunddem tut, erfolgt Dasunddas. Das klingt genau so wie aus dem kleinen Einmaleins. (kokett) Das kleine Einmaleins ist sehr notwendig, aber sehr langweilig.«[22]

Die Schwester des Schriftstellers will dem Bruder ihren Medizin studierenden Sohn anvertrau-
en. Der geübte Komödienbesucher weiß, daß alles, wovor die Mutter ihren Jungen bewahren
will, längst nicht mehr aktuell sein kann. Aber
der Schriftsteller wehrt sich im Namen seines
Autors gegen die ihm zugedachte Rolle:

»THOMAS: Ich habe mit *mir* alle Hände voll zu
    tun . . . Ich mache selber noch eine Dumm-
    heit nach der andern . . . Und da soll ich ei-
    ne Jungmännerbewahranstalt eröffnen? —
    Verantwortung, die man mir aufhalst,
    macht mich kopfscheu . . . Ich bekomme
    Sattelzwang . . . Meine Arbeit leidet dar-
    unter . . . Ich muß mit mir allein sein
    können.«[23]

Die Schwester bittet den Autor, sich vorzustellen, er hätte eine Frau und fünf Kinder:

»THOMAS: Weil ich's mir so gut vorstellen kann,
    hab ich ja keine.«[24]

Man muß kein großer Psychologe sein, um zu
wissen, was es bedeutet, wenn ein Mann seine
Lebensweise, seine Lebensentscheidung immer
und immer wieder begründet und verteidigt.
Auch dieser Schriftsteller hat ein einschlägiges
Frauenbild:

»THOMAS: . . . Ihr Frauen habt bloß ein weni-
      ger entwickeltes Gewissen als wir . . . Ihr
      steht bekanntlich der animalischen Welt nä-
      her . . .«[25]

Seine so informierte Schwester reagiert mit einer Pointe. Tragisch, daß dieser in seiner Rolle
so — wie man gängig sagt — fixierte Mann Kästner entweder keine Frau gefunden hat, die ihn
zu befreien vermochte, oder keine, von der er
sich befreien ließ.
Da sagt der Neffe — und man beachte die Regie-
anweisung —

»HANNSGEORG (nicht ohne Bewunderung):
      Ihr Weiber! — Onkel Thomas sagte es ja im-
      mer . . . Die Frauen, sagt er, sind noch in-
      stinktsicher . . . Sie haben eine Witterung
      wie die Tiere im Wald . . .«[26]

Und gleich darauf:

»HANNSGEORG: Wir Männer hingegen sind
      durch unsere geistige Höherentwicklung
      verpfuscht worden.
BETTY (während sie sich die Finger sauber-
      putzt): Du wirst durch deinen Onkel viel zu
      gescheit werden.«[27]

Der Onkel ist auf diesem Gebiet aber auch eine
einsame Instanz:

»THOMAS (lächelnd): Es gibt auf der Welt überhaupt nichts Gefährlicheres als junge Mädchen . . . Sie glcichen Löwen, die einen
Menschen streicheln wollen und dabei ver-
sehentlich in Stücke reißen.«[28]

Was diese gute, vorbildliche, über alles geliebte
Mutter Kästner an ihrem Sohn Erich angerichtet
hat, ist nicht zu ermessen.
Eine neue Sekretärin beschwert sich darüber,
daß ihr Freund sie zu Weihnachten nicht hinreichend beschenkt hat:

»MARGOT (achselzuckend): . . . Er scheint zu
denken, es ist mit den Freundinnen wie mit
den Dienstmädchen! Wenn sie noch kein
volles Jahr im Haus sind, brauchen sie nicht
viel zu kriegen.«[29]

Die Geliebte des Dichters weiß, warum der mit
der neuen Sekretärin nichts im Sinne haben
kann.

»PAULINE: . . . Dergleichen langweilt ihn . . .
Es belustigt ihn allenfalls . . Er stellt höch-
stens kurze Versuche an . . . Kontrollversu-
che . . . Nur um nachzuprüfen, ob die Re-
aktionen, die er voraussieht, auch eintreten . . .«[30]

Dieser Schriftsteller ist mit seiner Rolle ver-
söhnt, das gibt er jedenfalls zu Protokoll.

»THOMAS: . . . *Freilich* plagt mich das
schlechte Gewissen. Denn ich bin ein
Mann. (lächelnd) Und ich werde mich
trotzdem nicht ändern. (leise) Denn ich bin
ein Mann. — «[31]

Ich habe von diesem Stück nichts geahnt, als ich
mich zu einem Buch über Kästner entschloß. Ich
meine also jetzt auch mich, wenn ich sage:
Freunde des Dichters politischen Zorns, sozialer
Situationen, feiner Ironien und genauer Stimmungen haben sich damit abzufinden: Als Expo-
nent seines Geschlechts ist er nicht ernst zu nehmen. Außer von wütenden Frauen. Dem Mann
Kästner war der Pamphletist Kästner an den
Hals zu wünschen.

Der Dramatiker Kästner hat noch zwei groß ge-
plante, dramatische Entwürfe hinterlassen, die
sich — in weitem Sinn — ernsthaft mit dem Mann
und der Männergesellschaft auseinandersetzen
wollten. Beide Pläne erstickten in den Dialogen
der Exposition und des ersten Aktes. Ich erlau-
be mir den Verdacht, daß es zwischen der Kraft-
losigkeit und einem späten Selbstzweifel eines
Mannes an seinem Mannbild einen Zusammenhang geben könnte.

Nach zwölf verlorenen Jahren
München 1945—1974
Kästner und Zeitgenossen
Portraits

München 1945. Erich Kästner versuchte zu beginnen, wo er
nie hätte aufhören wollen.

Er wurde Feuilletonre-
dakteur . . .

. . . und Herausgeber ei-
ner Jugendzeitschrift.

Die Feuilletonredaktion der »Neuen Zeitung«. Erich Kästner mit Luiselotte Enderle.

Das erste Wiedersehen mit den Eltern, 1946 im zerstörten
Dresden.

Erich Kästner las wieder Erich Kästner. 1947 im Münchner
Sophiensaal.

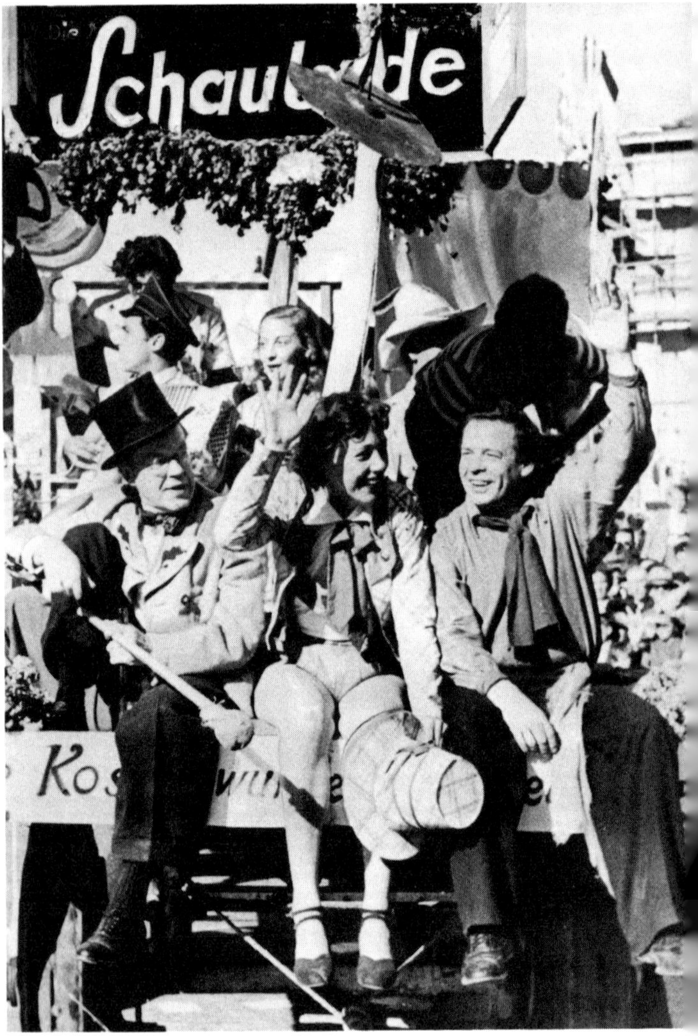

Erich Kästner war einer der Hauptautoren des ersten Münchner Nachkriegskabaretts »Die Schaubude«. Der Premierenabend am 15. August 1945.

Heute nicht mehr vorstellbar, daß ein Kabarett-Ensemble in einem Festwagen beim »Wies'n-Umzug« mitfährt.

Edmund Nick komponierte das
»Marschlied 1945« – eine Hymne
auf eine neue Chance.

Sie wollten es noch einmal wissen.

Die Autoren, die Komponisten, die Darsteller . . .

. . . nicht alle mit dem Ernst und dem Talent eines Erich Kästner, dessen Kabarettexte überwiegend Literatur sind.

Ende des Jahres 1950 versammelten sich die Autoren zu einem neuen Kabarett. Es sollte »Die kleine Freiheit« heißen,
wie sie Kästner in seinem Eröffnungslied definierte.

Am 24.1.1951 war Premiere. Wer die Gesichter der Leute
erkennt, weiß, in welche Karrieren, Berufe oder Richtungen das Kabarett seine jungen Leute entläßt.

Vier Autoren und ein Komponist – Edmund Nick
(1891–1974) neben Erich Kästner. Darunter dessen Gruß
an den 70jährigen Musiker.

Mein lieber Nick,

der Chanson = Abend in der Lenbach =
Galerie war (mindestens für mich) ein
eindeutiger Beweis dafür, was wir beide,
gemeinsam, dem deutschen Kabarett
„geliefert" haben.

Doch davon abgesehen: Wir sind gute
Freunde, und das ist und bleibt
die Hauptsache!

Sommer   Dein Erich

Aus »Plüsch und Pleureu-
sen«, 1950, der »Hauptmann
von Köpenick«.

Aus »Achtung Kurve« das
»Solo mit unsichtbarem
Chor«.

Aus »Catch as catch can«, 1951. Bilder vom Schicksal des
Kabaretts der Komödianten. Daß diese Schauspieler einmal
Kabarett gespielt haben, ist vergessen.

Begegnungen mit Dichtern, Freunden und PEN-Kollegen. Mit Bertolt Brecht, 1947 in Zürich.

Mit Ludwig Renn, 1947 in Berlin.

Mit Johannes R. Becher, 1949 in Göttingen.

Mit Mitgliedern des
deutschen PEN in
München, 1949.

Bei einer PEN-Ge-
samttagung in Ham-
burg, 1949.

Bei einer Krisensit-
zung des PEN-Zen-
trums, 1951.

Mit Robert Neumann, der Kästner »halb Bürgerschreck und halb erschrockener Bürger« nannte.

Mit Benno Reifenberg, Gustaf Gründgens und Kasimir Edschmid, in Frankfurt 1957.

Mit dem Verleger Heinrich-Maria Ledig-Rowohlt und Horst Lange, 1958.

1957 wurde Erich Kästner in Darmstadt der Georg-Büchner-Preis verliehen.

Eine Menschenschlange in der Wiener Mariahilferstraße, 1954, zeigt, wie populär der Autor war.

Der »Bestseller«-Autor Erich Kästner gab dort in einer
Buchhandlung Autogramme.

Mit Theodor Heuss,
1959.

Mit Leonhard Frank.

Mit Theodor Plievier
und Erich Maria
Remarque.

Mit Annette Kolb bei der
Eröffnung des
Cuvilliés-Theaters,
München 1958.

Mit Hermann Kesten, seinem Freund.

Sie waren einander 1929 erstmals begegnet.

Bei einer Anti-Atomkundgebung in München, 1958. Er stand, wo die bewußten jungen Leute standen.

Und noch 1961 sprach Erich Kästner beim Ostermarsch der Atomwaffengegner in München.

Olaf Gulbransson zeichnete Kästner am Tegernsee, im
Sommer 1958.

Es war die letzte Zeichnung Gulbranssons, der acht Tage
danach starb.

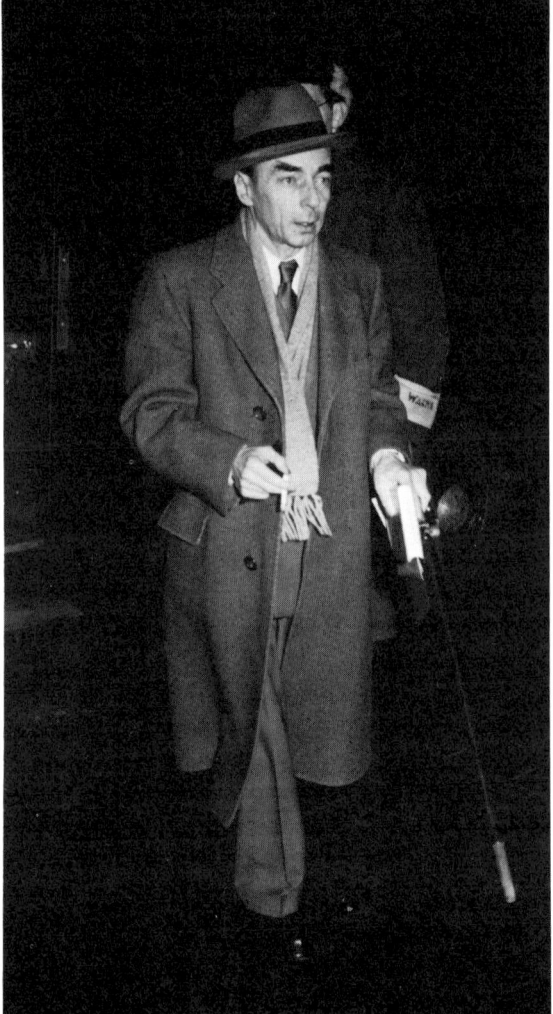

Lachgesichter und Kindermienen

Ein stilsicherer, von seinem schmalen Talent nicht von vornherein formal kastrierter Schriftsteller läuft immer Gefahr, von *einer* Zielgruppe immer nur mit *einer* Art seiner Artikulation angenommen, gekannt, geschätzt zu werden. Erich Kästners Unterhaltungsromane und Filme haben zum Teil ein Publikum, das den Mann, der sie geschrieben hat, ablehnen müßte, würde es ihn kennen, also seine politischen Gedichte gelesen haben.

Kästners »klassische« Unterhaltungsromane entstanden in der Zeit, als er in Deutschland Schreibverbot hatte, nur in der Schweiz publizieren konnte und sich immer vergegenwärtigen mußte, daß auch jedes in der Schweiz publizierte Wort in Deutschland auf Tendenz oder unterschwellige Häme untersucht würde. Kästner produzierte Humor ohne den mindesten Grund, noch einen zu haben. Kästner produzierte Witz, ohne über dessen Ziele verfügen zu dürfen. Und so sind diese Unterhaltungsromane. Und so gut ist

eben auch ihr Ruf. Und so ideal war eben auch
ihre Verfilmbarkeit noch in den Gegenden, wo
der Metro-Goldwyn-Mayer-Löwe grunzte.
Aber, Kästner war das, was man heute — bei
weitem zu freigiebig — als »Profi« bezeichnet.
Er konnte, was er tat. Seine Unterhaltungsromane[1] haben Konstruktionen, Situationen und
variieren geschickt ein gewisses Arsenal komi-
scher Standard-Figuren. Kästner tat nicht, was
viele andere vielseitige Schreiber immer wieder
tun: Sie verlieren, wenn sie breite Unterhaltung
machen, neben ihrer Qualität auch noch ihre
Anständigkeit. Das ist Kästner nicht passiert. So
sind diese Schmunzelbücher für Menschen, denen Mitdenken zu anstrengend und Lachen zu
ordinär ist, heute immer noch eine brauchbare
Lektüre. Vor dem Versuch, sie gleichberechtigt
in die Reihe des Gesamtwerkes zu stellen, ist
Erich Kästner mit Nachdruck in Schutz zu nehmen.
In diesen Romanen lacht Kästner nicht. Er
schneidet Lachgesichter.

Mit den Kinder- und Jugendbüchern ist das was
ganz anderes. Wiewohl ich der Ansicht bin, weil
eben Partei, daß der Jugendbuchautor Kästner
im Verhältnis zum Lyriker Kästner überdimen-
sioniert dasteht. Aber Anzahl der Bände, gigan-
tische Auflagenerfolge, Übersetzungen in nicht

nur Weltsprachen, sondern in viele Sprachen
der Welt sind Tatsachen, die den Ruhm prägen.
Kästners Entschluß, sein erstes Kinderbuch[2] zu
schreiben, fiel noch in die Zeit seiner Schreib-
freiheit.

Sein Gang auf die Kinder zu war kein erzwunge-
ner Seitenweg. Später natürlich bot sich eine
Fortsetzung dieses Weges an. Ein Autor, der
nicht mehr »Fabian« sein durfte, wurde eben
pädagogische Bezugsperson von Kindern. Die
moralische Beeinflussung von Kindern darf im
Vorfeld jener menschlichen Pervertierung erfol-
gen, an deren Ende Faschismus, Krieg und Mas-
senmord stehen. Diktatoren werden ja nie und
nimmer annehmen, daß ein Kinderbuchautor,
wenn er meint, Kinder sollten ehrlich, mutig und
vernünftig sein, gleichzeitig meint, die Kinder
sollten nicht so werden wie sie, die Diktatoren.
Das Kinderbuch war also während der Nazidik-
tatur die logische, dem Autor die Würde lassen-
de Schreibdisziplin.

Von den Kinderbüchern muß man noch einmal
auf die Unterhaltungsromane schließen, diese
Versuche, Erwachsenen noch Kindervergnügen
zu bereiten. Das Verfahren ist ähnlich: Grund-
einfall, Komödientypen, launige, pädagogisch-
parteiische Erzählweise. Aber was vor Kindern
in seiner Schlichtheit und Undifferenziertheit
noch brauchbare pädagogische Methode ist,

wird vor erwachsenen Lesern zur kindischen
Masche. Die Belehrung der Großen erfordert
andere Methoden. Wie sie Kästner ja auch be-
herrscht hat.

Richtig ist sicher − wenn auch viel zu wenig bekannt −, wie unmöglich für einen schreibenden,
engagierten Menschen es ist, permanent hartes,
direktes Engagement zu produzieren. Dergleichen endete − Imperfekt wie Konjunktiv − im
Selbstmord, im Alkohol oder in der Pose. Die
Lust an Unterhaltung für Kinder und mit Kindern jeglichen Alters war Kästner sicher nicht
nur Erfüllung der Lehraufgabe, sondern selbstverständlich auch die animalische Sehnsucht
nach Verringerung des Innendrucks. Daher: So
sehr Literaturkritik nicht vor jedem disziplinä-
ren Atemholen eines als Klassiker erkannten
Autors stramm stehen, sich abschwitzen und
nicht jede einzelne Zeile in die Höhe interpretieren soll, so wenig darf sie sich in Schwachstellen
verbeißen und triumphierend stammeln, sie hätte einen Autor entlarvt und so vom Sockel her-
untergeholt. Einzelkritik, auf einen Anlaß bezo-
gen allemal fragwürdig und in der historischen
Draufsicht ihre auch schon toten Verfasser bla-
mierend, wird vor einem Gesamtwerk, einem
aus organisatorischen Gründen abgeschlosse-
nen, schlicht läppisch. Hier geht es immer entscheidend auch um die Gewichtung einer

Schreibart innerhalb des Werks, um biographische oder historische Bedingtheiten, um psychologische Selbsttherapien.

Kästner hat nach dem Zweiten Weltkrieg seine Karriere als Kinderbuchautor konsequent fortgesetzt. Der Mann, der uns die »Schule der Diktatoren« vorführen wollte, mußte das tun. Es hätte ihn sonst wohl zerrissen.

Kästner hat sich — wie man so sagt — durch sein Eintreten für Jugendliteratur große Verdienste erworben. Heute wirkt sein Eifer ein wenig notorisch. Eine kindische und nach Selbstbestätigung riechende Forderung Kästners, alle Schriftsteller müßten auch Jugendbücher schreiben, wird von ihm selbst einmal zurechtgerückt. Er hätte befreundete Schriftsteller zum Schreiben von Kinderbüchern bewogen, aber es wäre nichts Rechtes draus geworden. »Sie merkten es bald, und auch ich mußte es feststellen: Sie waren Schriftsteller, aber Jugendschriftsteller, das waren sie *nicht*.«[3]

Na eben. Satiriker entstehen ja auch nicht auf Einladung. Kästner hat da möglicherweise an sich gedacht, als er an Aufforderung glaubte. Denn er selbst wurde — der innere Drang muß da noch geschlummert haben — Kinderbuchautor dank verlegerischen Kalküls.

Er hatte als ganz neuer Autor seinen ersten Erfolg mit einem Lyrik-Band[4], war über Nacht ein

Begriff, also interessant für die einschlägigen Branchen. Eine Verlegerin⁵ sah da eine Chance, forderte Kästner auf, er entsprach. Und er hatte einen Erfolg, der nach Fortsetzung verlangte.

»Wenn man mir statt eines Kinderbuchs ein Opernlibretto vorgeschlagen hätte, wahrscheinlich hätte ich das Libretto versucht.«⁶

Sein Engagement für Jugendliteratur war der Karriere nachgeliefert. Sein Engagement für den menschlichen Verstand war originär.

Kästners Forderung nach besseren Schulen, besseren Lehrern, Erziehern, Schulbüchern hat ihre Fortsetzung in seiner Forderung nach besseren Kinderbüchern. Ohne nun Fachmann auf diesem Gebiet zu sein, weiß ich, daß sich auf dem Gebiet der Kinderbücher Entscheidendes verbessert hat. Kästner meinte noch:

»Wer nicht schreiben kann, nicht die pure Wirklichkeit, noch den Zauber der ungebundenen Phantasie spürt und trotzdem schreiben möchte, schreibt Kinderbücher. Wer eine Malschule oder eine Akademie besucht hat und dessenungeachtet weder Maler noch Zeichner geworden ist, illustriert Jugendbücher. Und wer es nicht zum ›richtigen‹ Verleger bringt, verlegt ›nur‹ Jugendbücher.«⁷

Die Polemik – an anderer Stelle wird gesagt, es seien »90 Prozent Dilettanten«, die Kinderbücher schrieben – geht in den audiovisuellen

Jahrzehnten ins Leere. Die Dilettanten sind Fernsehprofis geworden. Die »Tantenhaftigkeit«, »Geschäftemacherei« und »Kitschsucht« flimmert vorzugsweise vom Bildschirm.

Da ich mich auch vor einem noch so subjektiven Urteil über Erich Kästners Kinderbücher drükke, muß ich sagen, warum ich das tue.
Ich meine, wer Kinderbücher beurteilt, sollte bei Kindern recherchieren, wie sie diese Bücher aufnehmen. Mein Kind und andere mir bekannte Kinder haben eine Zeitlang viele Kinderbücher von Kästner gelesen. Sie scheinen aber einer Generation anzugehören, die es total ablehnt, Erwachsenen zu erklären, *warum* ihnen etwas gefällt. Sie setzen voraus, daß die fragenden Erwachsenen die Antwort ohnehin nicht begriffen. Und für diesen andauernd schmerzlichen Zustand habe ich jedes Verständnis.
Es gibt nun pädagogisch informierte Menschen, die ihr Urteil über Kinderbücher − Stil und dergleichen stehen ja außer Streit − durch ihr pädagogisches Wissen für begründet halten. Da kann ich leider nicht einmal mehr lachen.
Ich gehöre zu einer Generation, die bis zur Hysterie dafür sensibilisiert wurde, was alles pädagogisch richtig und falsch ist. Leider wurden die Zyklen, in denen sich dieses »richtig und falsch« jeweils völlig drehte, immer kürzer. Als Vater

der Frage nach der Jugendliteratur noch nicht
lange entronnen, kann ich nur sagen, daß ich für
Bücher im allgemeinen und für Jugendbücher
im besonderen bin – und den Raum verlassen.
Wenn Kästner 1953 gesagt hat: »Die meisten Jugendbücher, die geschrieben werden, sind über-
flüssig, wenn nicht schädlich«[8], dann stimmt das
für heute möglicherweise auch. Nur, keiner
weiß genau, welche – abgesehen von latent fa-
schistischer Jugendliteratur – dieser zu vielen
Bücher »schädlich« sind. Da es auf dem Gebiet
der Pädagogik ja für alles Zeugen gibt, wäre es
wahrscheinlich mühelos möglich, Experten zu
bemühen, die »Überflüssiges« und »Schädli-
ches« in Kästners Jugendliteratur nachweisen.
Eine andere Möglichkeit, Kinder- und Jugendbücher zu beurteilen, ist die Rückfrage, was sie
einem selbst bedeutet haben, woran man sich
warum noch erinnern kann. Ich habe von einem
Kinderbuchautor Kästner erst erfahren, als ich
über diesen andere Auskünfte erhalten hatte.
Ich war sieben Jahre alt, als im Notlazarett gegenüber Soldaten an Bauchschüssen starben
und ich dieses Sterben hören mußte, so hören,
daß es nicht möglich war, es nicht zu sehen.
Von diesen Tagen an wollte ich – das weiß ich
heute – nur mehr wissen, *warum* diese Menschen an Bauchschüssen sterben und so brüllen
mußten. Erich Kästner war dann einer der er-

sten, der mir eine glaubwürdige Antwort gab.
Danach war es für »Emil und die Detektive« zu
spät. Aber eines meine ich doch zu wissen:
Für Manieren, Jugendbücher zu schreiben, gilt,
was für pädagogische Rezepte gilt: Sie sind einmal richtig und einmal falsch. Wenn es eine
Chance gibt, seine Chance für das »richtig« zu
verbessern, dann ist es Liebe. Der Mensch, der
für Kinder schreibt, muß sie lieben. Kästner hat
sie sicher geliebt. Wahrscheinlich nicht als Kinder, körperlich, riechend, lärmend, sondern als
sich immer wieder erneuernden Entwurf einer
besseren Welt. Das ist auch eine Liebe.

Es gibt ein Buch, die letzte neu geschriebene,
größere Prosa, in dem sich der Kästner für Kinder und der Kästner für Erwachsene ineinander
auflösen. Es sind die Kindheitserinnerungen
»Als ich ein kleiner Junge war«[9]. Sie erschienen
im Jahre 1957. In diesem Jahr wurde Kästners
Sohn Thomas geboren, in diesem Jahr starb der
Ehemann von Kästners Mutter, der amtliche
Vater. Ich habe keine Lust, hier Zusammenhän-
ge zu konstruieren. Ich unterstelle sie.
Eine Anmerkung: In der von Kästners Lebensgefährtin verfaßten Monographie wird der Sohn
Thomas mehrfach erwähnt — in der Zeittafel
wird er unterschlagen.
»Als ich ein kleiner Junge war« ist ein Buch über

Kindheit, wendet sich sprachlich an Kinder,
spricht sie direkt an, kann Kinder aber nur bedingt fesseln. Einen Zipfel dieser Welt, die hier
beschrieben wird, muß man noch gekannt oder
noch geahnt haben. Wenn das der Fall ist, entstehen die Bilder. »Als ich ein kleiner Junge
war« ist ein Buch für Erwachsene, die sich miter-
innern wollen. Die es aber ganz sicher leichter
haben, nach dem Lesen ihren Kindern von ihrer
Kinderzeit zu erzählen.

Wem ein Kind nicht die Verkleinerung eines Erwachsenen bedeutet, sondern dessen Vorstufe,
kann in diesem Buch – noch einmal – viel über
Erich Kästner erfahren. Möglicherweise in der
Art, in der er leichter begreift.

Also, daher wieder:

»Der französische Kaiser wurde in einem deutschen Schloß eingesperrt, und der deutsche Kaiser wurde in einem französischen Schloß prokla-
miert. Umgekehrt wär's eigentlich viel einfacher
und wesentlich billiger gewesen. Aber die Weltgeschichte kann ja nicht genug kosten! Wenn ein
Kolonialwarenhändler in seinem kleinen Laden
so viele Dummheiten und Fehler machte wie die
Staatsmänner und Generäle in ihren großen
Ländern, wäre er in spätestens vier Wochen
bankrott. Und er käme ganz und gar nicht ins
goldene Buch der Geschichte, sondern ins
Kittchen.«[10]

Man kann, muß sich Kästner gedacht haben, mit
erwachsenen Menschen eben nicht reden wie
mit erwachsenen Menschen.

Oder, wie er Dresden beschreibt und dann notiert, daß »ein paar Stunden genügten, um diese
Stadt vom Erdboden wegzuhexen«:[11]

»Noch heute streiten sich die Regierungen der
Großmächte, wer Dresden ermordet hat. Noch
heute streitet man sich, ob unter dem Garnichts
fünfzigtausend, hunderttausend oder zweihun-
derttausend Tote liegen. Und niemand will es
gewesen sein. Jeder sagt, die anderen seien dran
schuld. Ach, was soll der Streit? Damit macht
ihr Dresden nicht wieder lebendig! Nicht die
Schönheit und nicht die Toten! Bestraft künftig
die Regierungen, und nicht die Völker! Und bestraft sie nicht erst hinterher, sondern sofort!
Das klingt einfacher, als es ist? Nein. Das ist einfacher, als es klingt.«[12]

Das wiederholte der Lehrer Kästner sein Leben
lang wie das Einmaleins.

Auch sein Heldenbegriff leitet sich von der Kinderzeit her, als er – ein ausgezeichneter Turner
– nur vor der Riesenwelle Angst hatte und sich
nun recht gibt, diese Angst gehabt zu haben.

»Falsche Helden haben keine Angst, weil sie
keine Phantasie haben. Sie sind dumm und haben keine Nerven. Echte Helden haben Angst
und überwinden sie . . . Doch die Heldenlauf-

bahn als Hauptberuf, das wäre nichts für mich gewesen.«[13]

Zwei weitere Wurzeln:

»In jener Zeit sahen alle Schulen düster aus, dunkelrot oder schwärzlich-grau, steif und unheimlich. Wahrscheinlich waren sie von denselben Baumeistern gebaut worden, die auch die Kasernen gebaut hatten . . . Mich erschreckte die Schule nicht. Ich kannte keine heiteren Schulhäuser. Sie mußten wohl so sein.«[14]

Und:

»Wenn ein Kind lesen gelernt hat und gerne liest, entdeckt und erobert es eine zweite Welt . . . Wer lesen kann, hat ein zweites Paar Augen, und er muß nur aufpassen, daß er sich dabei das erste Paar nicht verdirbt . . .

Ich las, als wär es Atemholen. Als wär ich sonst erstickt.«[15]

Wir werden noch hören, woran.

Die Bezüge streifen alle Gebiete. Kästner hat nicht zu den Kindern gezählt, die »unbändig gerne Theater« spielten:

»Dieses heitere Talent war und ist mir fremd. Ich kann, wie es heißt, nicht aus meiner Haut heraus. Ich kann Figuren erfinden, doch ich mag sie nicht darstellen.«[16]

Daher:

»Meine Liebe zum Theater war die Liebe auf

den ersten Blick, und sie wird meine Liebe bis
zum letzten Blick bleiben. Mitunter habe
ich Theaterkritiken geschrieben, zuweilen ein
Stück, und die Ansichten über diese Versuche
mögen auseinandergehen. Doch eines lasse ich
mir nicht abstreiten: Als Zuschauer bin ich nicht
zu übertreffen.«[17]

Man muß, will man Kästner kennen, nachlesen,
wie er einmal »Hinterhof« und »Teppichstange«
als »Vorgarten« und »Lindenbaum« begreifen
lernte.

Oder wie er sich später damit auseinandersetzen
mußte, wie seine Mutter zu ihrem Ehemann
kam.

»Heute gibt es einhundertfünfundachtzig Frau-
enberufe, habe ich in der Zeitung gelesen. Damals blieb man ein alterndes Dienstmädchen
oder man heiratete.«[18]

Die Schwestern der Mutter hatten einen »Kandidaten, der ihnen geeignet erschien« gefunden.
Der Mann »wohnte in der Nachbarschaft zur
Untermiete, war fleißig und tüchtig, trank nicht
über den Durst, sparte jeden Groschen, weil er
sich selbständig machen wollte, stammte aus Pe-
nig an der Mulde, suchte eine Werkstatt, einen
Laden und eine junge Frau und hieß Emil
Kästner.«[19]

Kästners Mutter hatte zu ihren Schwestern gesagt: »Ich liebe ihn doch gar nicht!«[20]

Die Schwestern »hielten von der Liebe, wie sie in Romanen stattfindet, sehr wenig. Ein junges Mädchen verstehe sowieso von der Liebe nichts. Außerdem komme die Liebe mit der Ehe. Und wenn nicht, so sei das auch kein Beinbruch, denn die Ehe bestehe aus Arbeit, Sparen, Kochen und Kinderkriegen.«[21]

Wer einen Satz Kästners sucht, in dem er sich freut, daß da manches anders, besser geworden ist, sucht ihn vergeblich. Eine Frauenbefreiung, von der seine Mutter nichts mehr haben konnte, schien ihm wohl nicht so wesentlich.

Kurz danach äußert sich Kästner zu der Tatsache seiner Geburt. Unser Wissen vorausgesetzt, ist diese Passage von außerordentlicher Eleganz. Es soll sie dechiffrieren, wer dieses Thema weiterhin wichtig nimmt.

Wenn Kästner sein Elternhaus schildert, schildert er eine Hölle. Vater und Mutter schenkten dem Jungen zu Weihnachten nicht etwa gemeinsam Geschenke. Die Mutter kaufte, der Vater bastelte, und das Kind hatte nur noch eine verzweifelte Chance, hysterisch hin und her zu heucheln, um keinen der Schenker zu benachteiligen:

»Es war ein Konkurrenzkampf aus Liebe zu mir, und es war ein verbissener Kampf. Es war ein Drama mit drei Personen, und der letzte Akt fand, alljährlich, am Heiligabend statt. Die

Hauptrolle spielte ein kleiner Junge. Von seinem Talent aus dem Stegreif hing es ab, ob das Stück eine Komödie oder ein Trauerspiel wurde. Noch heute klopft mir, wenn ich daran denke, das Herz bis in den Hals.«[22]
Der kleine Junge hatte natürlich auch ein paar arme Geschenke vorbereitet.
»Und ich wäre stolz darauf gewesen, wenn ich mich nicht so gefürchtet hätte.«[23]
Das Kind, das sich vor dem Weihnachtsabend fürchtete – ich glaube Erich Kästner stand sehr früh vor der Entscheidung zu hassen oder bedingungslos zu vergolden, was seine familiäre Kindheit ihm beschert hatte. Wie er sich entschieden hat, liegt vor. Das Potential an Haß war aber gewachsen. Es mußte sich ein Ziel suchen. So ein Ziel wird immer die Gesellschaft sein, deren Bedingungen man dafür verantwortlich macht, daß *die* Menschen auch nur Opfer waren, die einen selbst zum Opfer machen.
Ich glaube, damit sollte sich einmal ein gescheiter Literaturwissenschaftler befassen, mit der Jugend von Satirikern, mit dem, was sie zuhause sahen. Wahrscheinlich ist die Fähigkeit zur Gesellschaftskritik Ergebnis vorverlegter Lebenserfahrung.
Erich Kästners Mutterverehrung *kann* nur durch kreatürliche Angst vor auch nur dem kleinsten Zweifel an ihr verursacht worden sein.

Er bescheinigt ihr, sie hätte »die vollkommene Mutter des Jungen werden« wollen. Und dann sagt er, daß sie es wurde. Das sieht dann so aus: »All ihre Liebe und Phantasie, ihren ganzen Fleiß, jede Minute und jeden Gedanken, ihre gesamte Existenz setzte sie, fanatisch wie ein besessener Spieler, auf eine einzige Karte, auf mich. Ihr Einsatz hieß: ihr Leben, mit Haut und Haar!

Die Spielkarte war ich. Deshalb mußte ich gewinnen. Deshalb durfte ich sie nicht enttäuschen. Deshalb wurde ich der beste Schüler und der bravste Sohn. Ich hätte es nicht ertragen, wenn sie ihr großes Spiel verloren hätte. Da sie die vollkommene Mutter sein wollte und war, gab es für mich, die Spielkarte, keinen Zweifel: Ich mußte der vollkommene Sohn werden.«[24]

Da gab es für diesen intelligenten Mann kein Zurück mehr. Nie mehr. Diese Art der Mutterbindung, die man in der Sexualtheorie schon des öfteren als Grund für Homosexualität zu erkennen glaubte, spielte er durch. Und da blieb nie mehr ein Auge trocken.

Im Jahre 1945, dessen Heiliger Abend natürlich eine heute nicht mehr nachvollziehbare Grundstimmung haben mußte, schrieb Kästner in »Sechsundvierzig Heiligabende«:[25] »Meine liebe Mutter . . . Nun bin ich doch selber schon ein leicht angegrauter, älterer Herr von reichlich

sechsundvierzig Jahren. Aber der Mutter gegenüber bleibt man immer ein Kind. Mutters Kind
eben. Ob man sechsundvierzig ist oder Minister-
präsident von Bischofswerda oder Johann Wolfgang von Goethe persönlich. Das ist den Müt-
tern, Gott sein Dank, herzlich einerlei! ...
Während ich am Schreibtisch sitze, werden meiner Mutter vielleicht die Ohren klingen. Da wird
sie lächeln und meine Fotografien anblicken, ihnen zunicken und flüstern: ›Ich weiß schon,
mein Junge, du denkst an mich.‹«[26]

Seinem Vater, der nicht sein Vater war, stand
Kästner allerdings nicht ganz beziehungslos gegenüber, wie es die Biographie vermuten ließe.
Da ist mehr im Spiel als Achtung, eher zärtliche
Anerkennung eines Typs, eines Schicksals,
wenn Kästner in der Geschichte »Das lebensgro-
ße Steckenpferd«[27] beschreibt, wie ihm der etwa
siebzigjährige alte Sattlermeister Kästner nach
langem Geheimnistun aus allen Lederresten
und merkwürdigsten Utensilien − ohne jeden
Sinn und Zweck − ein lebensgroßes Steckenpferd bastelte.
Kästner fragt rhetorisch, warum er die Geschichte überhaupt erzählt:
»Ich wollte von jenen großen alten Männern
sprechen, die heute achtzig Jahre und älter sind,
übermütig, heiter, vital, genußfroh, zäh wie

Sohlenleder und in ihren Berufen wie auf ihren Steckenpferden so sattelfest, daß man sie beneiden könnte. Da kam mir das Pferd des kleinen Handwerkers, der mein Vater ist, sehr zupasse.«[28]

Wenn die folgende Interpretation zu mutwillig ist, bitte ich um Nachsehen. Ich meine, Kästner chiffriert hier wieder sehr behutsam die Wahrheit. Er spricht nicht von einem Vater, dessen Lebensrolle das Handwerk ist. Er spricht von einem Handwerker, dessen Lebensrolle ein Vater ist.

Wieder Mitleid mit dem Opfer. Aber zurück zu »Als ich ein kleiner Junge war«.

Die vollkommene Mutter kündigte von Zeit zu Zeit Selbstmordversuche an. Auf »hastig bekritzelten« Zetteln. Das Kind fand die Zettel, als es aus der Schule kam.

»Auf dem Küchentisch lagen sie. ›Ich kann nicht mehr!‹ stand darauf. ›Sucht mich nicht!‹ stand darauf. ›Leb wohl, mein lieber Junge!‹ stand darauf.«[29]

Jedesmal hetzte ein heulendes Kind durch die Straßen, bis es — jedesmal — seine Mutter auf irgendeiner Brücke fand. Das schreiende, weinende Kind mußte sie »aus einem Schlaf mit offnen Augen«[30] reißen. Dann ließ sie sich wieder von ihm nachhause bringen.

Wenn der Sohn die Mutter einmal nicht fand,

sich halb krepiert vor Angst wieder nachhause schleppte, dort »halb ohnmächtig vor Erschöpfung«[31] einschlief, fand die Mutter den Weg nachhause allerdings auch allein.

Eltern dieser Art sind Mörder ihrer Kinder. Ich weiß, wovon ich rede. Es kann kein Kind geben, das so blöd ist, derartige Handlungen etwa einer Mutter nicht doch einmal auf ihre Verantwortlichkeit vor der Liebe zu untersuchen. Welche Größe muß ein Kind haben, das dabei bleibt, daß seine Mutter nichts dafür können *kann*.

Ob sie wirklich einmal in den Fluß springen wird, das wollte der kleine Junge aber schon wissen. Der einzige Mensch, den er fragen konnte, war — in der Sprechstunde — der Hausarzt Sanitätsrat Dr. Zimmermann. Der sagte ihm, sie würde nie springen, er sagte ihm, alles wäre schlimmer, wenn sie diesen Jungen nicht hätte, er sagte ihm, daß er »ihr Schutzengel« sei. Kästner wußte damals nicht, daß er mit seinem Vater sprach.

Die Fähigkeit des kleinen Jungen, zu verstehen und zu verzeihen, machte nicht vor den Eltern halt. Sie reichte auch für den Lehrer, der prügelte, aber keiner war von jenen »Halunken, denen das Prügeln ein delikates Vergnügen bedeutete. Zu dieser hundsgemeinen Sorte gehörte der Lehrer Lehmann nicht. Er war weniger ordinär, aber viel gefährlicher als sie. Er schlug nicht,

weil er unseren Schmerz genießen wollte. Er
schlug aus Verzweiflung.«[32]

»Dieser Herr Lehmann war ein tüchtiger Mann,
ein fleißiger Mann, ein gescheiter Mann, der aus
uns tüchtige, fleißige und gescheite Schüler machen wollte. Sein Ziel war vortrefflich. Der Weg
dahin war abscheulich. Der tüchtige, fleißige
und gescheite Mann war kein guter, sondern er
war überhaupt kein Lehrer.«[33]

Mit dem Militär, mit einem vertierten Schleifer,
endete die Fähigkeit Erich Kästners, zu verste-
hen. Ganz und gar mit dem Krieg.
»Am 1. August 1914, mitten im Ferienglück, be-
fahl der deutsche Kaiser die Mobilmachung.
Der Tod setzte den Helm auf. Der Krieg griff zur
Fackel. Die apokalyptischen Reiter holten ihre
Pferde aus dem Stall.«[34]
»Der Weltkrieg hatte begonnen, und meine
Kindheit war zu Ende.«[35]
Ein *Mann* Erich Kästner entstand, der er so
früh, oder so nicht hatte werden wollen. Er hatte
viel Unbegreifliches begreifen wollen und be-
greifen können. Jetzt konnte er nicht mehr.
Jetzt stand dem kleinen Mann der Menschenver-
stand nicht mehr im Detail, sondern in seiner
Totalität gegenüber. Und jetzt wurde Erich
Kästner groß. Nicht nur. Aber eben doch.

Nachwort

Am 29. Juli 1974 rief mich ein Freund aus dem Funkhaus an. Erich Kästner sei gestorben, sagte er, und ich hätte doch eine engere Beziehung zu diesem Autor, ich könnte doch einen Nachruf schreiben und lesen. Es war mir ein Bedürfnis. Rasch versuchte ich mir bewußt zu machen, was er mir in manchen Zeiten meines Lebens war, vor welchen falschen Kategorien an Nachruhm ich ihn bewahrt wissen wollte, welche Art des Überlebens ich mir für ihn wünschte.
Von der Aufnahme heimgekommen, hatte ich das Gefühl, das Gesagte vertiefen zu wollen. Jetzt habe ich das versucht. Warum, sollte aus den folgenden Reimen hervorgehen, die ich am Abend des Todestages notierte:

Und Erich Kästner ist jetzt auch hinüber,
von dem belehrt zu sein uns eine Ehre war.
Doch wir erinnern uns und staunen ehrlich
    drüber,
wieviel für unsre Zeit uns eine Lehre war.

Es stand im Vorwort zu den Richtigkeiten,
daß sie das Dritte Reich ins feige Feuer warf.
Und wir begriffen, es gibt Wichtigkeiten,
die's in der Diktatur eben nicht geben darf.

Der Kästner zeigte uns, daß man Gedanken-
   klarheit
artistisch, bilderreich, gereimt betreiben kann.
Er schrieb uns vor, daß jede Art von Wahrheit
nur schmerzlich deutlich wird, wenn einer
   schreiben kann.

Er teilte Schläge aus, verteilte auch Gewichte.
Er war als Spötter immer frei von Spott.
Ihm war Moral die Wut auf Zeitgeschichte
und auf die vielen Götter vor (scheinbar)
   keinem Gott.

Mein Argument war oft, ihn zu zitieren.
Und Bilder habe ich recht häufig nachgemalt.
Der angelernte Ton, der mußte sich verlieren.
Das Schulgeld aber ist bis heute nicht bezahlt.

Der Dichter Kästner hatte aufgegeben
und vor dem Körper seinen Dienst quittiert.
Doch in den Büchern steht sein Schreiberleben.
Und das Geschriebene hat niemals resigniert.

Anmerkungen

GS = Erich Kästner, Gesammelte Schriften für Erwachsene (8 Bände), Droemer Verlag, München 1969.

Vorwort

1 Vgl. Bibliographie (Vorsatzseiten).
2 Vgl.: Renate Benson, *Erich Kästner. Studien zu seinem Werk*. In: Studien zur Germanistik, Anglistik und Komparatistik 18, Bonn 1973

Nebenlinien der Biographie

1 Erich Kästner promovierte 1925 in Leipzig. Thema seiner Dissertation: *Die Erwiderung auf Friedrichs des Großen Schrift »De la littérature allemande«. Ein Beitrag zur Charakteristik der deutschen Geistigkeit um 1780.*
2 Zwischen 1933 und 1945 erschienen folgende Werke Erich Kästners:
   – *Das fliegende Klassenzimmer* (1933)
   – *Drei Männer im Schnee* (1934)
   – *Emil und die drei Zwillinge* (1934)
   – *Die verschwundene Miniatur* (1935)
   – *Doktor Erich Kästners Lyrische Hausapotheke* (1936)
   – *Der Zauberlehrling* (Romanfragment 1936)
   – *Georg und die Zwischenfälle* (1938; späterer Titel: *Der kleine Grenzverkehr*)

- *Till Eulenspiegel* (1938)
- *Die Doppelgänger* (Romanfragment 1939)
- *Chauvelin oder lang lebe der König!* (1. Akt, 1940)
- *Das Haus Erinnerung* (1940)
- *Das lebenslängliche Kind* (1940 unter dem Pseudonym Robert Neuner nach dem Roman »Drei Männer im Schnee« entstanden)
- *Münchhausen* (Drehbuch 1942)
- *Der kleine Grenzverkehr* (Drehbuch 1942)
- *Das doppelte Lottchen* (Filmtreatment 1942)
- *Zu treuen Händen* (1943)

3 Die Bildbiographie *Kästner* von Luiselotte Enderle erschien 1960 im Kindler Verlag, München. Auf dieser Biographie basiert der 1966 in der Reihe Rowohlts Monographien (Hamburg) erschienene Band *Erich Kästner*, der später von der Autorin ergänzt worden ist.

4 Luiselotte Enderle

5 Luiselotte Enderle (Hrsg.), *Kästner anekdotisch*, Kindler Verlag, München 1970.

6 Vgl.: Erich Kästner, *Mein liebes, gutes Muttchen, Du!* Briefe und Postkarten aus 30 Jahren. Ausgewählt und eingeleitet von Luiselotte Enderle, Hamburg 1981.

7 GS 1, S.225

8 Am 15. Dezember 1957 wurde Friedel Sieberts und Erich Kästners Sohn Thomas in München geboren.

9 Friedel Siebert war 23 Jahre alt, als sie Kästner 1949 kennenlernte.

10 Vgl.: Erich Kästner, *Briefe aus dem Tessin*, Zürich 1977

Fabian und die Grundzüge

1 vgl. GS 2, S. 7
2 GS 2, S. 54
3 GS 2, S. 57
4 GS 2, S. 75/76
5 GS 2, S. 46

 6 GS 2, S. 46
 7 GS 2, S. 46
 8 GS 2, S. 56
 9 GS 2, S. 57
10 GS 2, S. 40
11 GS 2, S. 83/84
12 GS 2, S. 84
13 GS 2, S. 56
14 GS 2, S. 184
15 GS 2, S. 184
16 GS 2, S. 184
17 GS 2, S. 184
18 GS 2, S. 184
19 GS 2, S. 93
20 GS 2, S. 172
21 GS 2, S. 27
22 GS 2, S. 27
23 GS 2, S. 29
24 GS 2, S. 18
25 GS 2, S. 52/53
26 GS 2, S. 221
27 GS 2, S. 225

Die gereimten Details

 1 Erich Kästner, *Bei Durchsicht meiner Bücher*. Eine
    Auswahl aus vier Versbänden, Zürich 1946
 2 GS 1, S. 280
 3 GS 1, S. 280
 4 *Doktor Erich Kästners Lyrische Hausapotheke*, Zürich
    1936
 5 GS 1, S. 134
 6 GS 1, S. 135
 7 GS 1, S. 134
 8 GS 1, S. 134
 9 GS 8, S. 194
10 GS 8, S. 180

11 GS 7, S. 264
12 GS 1, S. 62
13 GS 1, S. 62
14 GS 1, S. 130
15 GS 1, S. 130
16 GS 1, S. 131
17 GS 1, S. 218
18 GS 1, S. 61
19 GS 1, S. 281
20 GS 1, S. 281
21 GS 1, S. 281
22 GS 1, S. 281
23 GS 1, S. 111
24 Edmund Nick (1891–1974) hatte schon 1929 die Musik
    für Kästners Hörspiel *Leben in dieser Zeit* komponiert;
    1946 vertonte er für das Münchner Kabarett »Die
    Schaubude« unter zahlreichen anderen auch Kästners
    Texte. Nick war ein bekannter Komponist für gehobe-
    ne Unterhaltungsmusik, Film- und Hörspielmusik und
    Operetten.
25 GS 1, S. 54
26 GS 1, S. 54
27 GS 1, S. 169
28 GS 1, S. 169–171
29 GS 1, S. 187
30 GS 1, S. 188/189
31 GS 1, S. 106
32 GS 1, S. 106/107
33 GS 1, S. 146
34 GS 1, S. 146/147
35 GS 1, S. 77
36 GS 1, S. 78
37 GS 1, S. 211
38 GS 1, S. 211/212
39 GS 1, S. 101
40 GS 1, S. 101/102
41 GS 1, S. 144
42 GS 1, S. 144

43 GS 1, S. 182
44 GS 1, S. 182
45 GS 1, S. 183
46 GS 1, S. 127
47 GS 1, S. 127
48 GS 1, S. 128
49 GS 1, S. 116
50 GS 1, S. 117
51 Das Gedicht *Zeitgenossen haufenweise* ist enthalten in der Gedichtsammlung »*Lärm im Spiegel*« (1929)
52 GS 1, S. 117
53 GS 1, S. 115
54 GS 1, S. 115
55 GS 1, S. 70
56 GS 1, S. 70
57 GS 1, S. 279
58 GS 1, S. 279
59 GS 1, S. 279
60 GS 1, S. 279
61 GS 1, S. 279
62 GS 6, S. 38
63 GS 6, S. 38/39
64 GS 1, S. 296
65 GS 1, S. 296/297
66 Vgl.: Erich Kästner, *Bei Durchsicht meiner Bücher*. Eine Auswahl aus vier Versbänden. Zürich 1946
67 GS 1, S. 269
68 GS 1, S. 269/270
69 GS 1, S. 219
70 GS 1, S. 220
71 GS 1, S. 215
72 GS 1, S. 118
73 GS 1, S. 190
74 GS 1, S. 190
75 GS 1, S. 67
76 GS 1, S. 68
77 GS 1, S. 93; Der vollständige Titel des Gedichts lautet: »Apropos Einsamkeit«.

78 GS 1, S. 93
79 GS 1, S. 57
80 GS 1, S. 57
81 GS 1, S. 195
82 GS 1, S. 195/196
83 GS 1, S. 138
84 GS 1, S. 60
85 GS 1, S. 61
86 GS 1, S. 66
87 GS 1, S. 343 ff
88 GS 1, S. 345
89 GS 1, S. 356
90 GS 1, S. 356
91 GS 1, S. 92
92 GS 1, S. 92
93 GS 1, S. 93
94 GS 1, S. 232
95 GS 1, S. 234
96 GS 1, S. 230
97 GS 1, S. 230
98 GS 1, S. 231
99 GS 1, S. 231
100 GS 1, S. 176
101 GS 1, S. 66
102 GS 1, S. 91
103 GS 1, S. 81
104 GS 1, S. 90
105 GS 1, S. 155
106 GS 1, S. 111
107 GS 1, S. 111
108 GS 1, S. 119
109 GS 1, S. 119
110 GS 1, S. 114
111 GS 1, S. 114/115
112 GS 1, S. 189
113 GS 1, S. 189/190
114 GS 1, S. 91
115 GS 1, S. 91

116 GS 1, S. 92
117 GS 1, S. 68
118 GS 7, S. 233
119 GS 7, S. 234/235
120 Vgl.: Erich Kästner, *Mein liebes, gutes Muttchen, Du!*, Hamburg 1981
121 GS 1, S. 62
122, 122a GS 1, S. 63
123 GS 1, S. 64
124 GS 1, S. 113
125 GS 1, S. 115
126 GS 1, S. 116
127 GS 1, S. 58
128 GS 1, S. 58
129 GS 1, S. 58
130 GS 1, S. 59
131 GS 1, S. 225
132 GS 1, S. 225/226
133 GS 1, S. 226
134 GS 1, S. 342
135 GS 1, S. 342

Der Anblick der Meinungen

1 *Die Weltbühne. Wochenschrift für Politik/Kunst/Wirtschaft* erschien erstmals 1918 (Hrsg. 1926 war Kurt Tucholsky, 1927 bis 1933 − bis zum Verbot − Carl von Ossietzky). Seit 1946 erscheint *Die Weltbühne*, neu herausgeg. von Maud von Ossietzky, in Berlin (Ost).
2 GS 7, S. 40
3 GS 7, S. 40
4 GS 8, S. 27
5 GS 7, S. 43
6 GS 8, S. 226
7 GS 8, S. 284
8 GS 8, S. 285
9 GS 8, S. 285

10 GS 7, S. 13
11 GS 7, S. 27
12 GS 1, S. 328
13 GS 7, S. 71
14 GS 7, S. 180 ff
15 GS 7, S. 182
16 GS 7, S. 26
17 GS 8, S. 26 ff
18 GS 8, S. 26/27
19 GS 8, S. 33
20 GS 7, S. 67/68
21 Erich Kästner, *Notabene 45. Ein Tagebuch.* Vgl. GS 6, S. 55 ff
22 GS 6, S. 226/227
23 GS 6, S. 157
24 GS 6, S. 162
25 GS 1, S. 328
26 GS 1, S. 328
27 GS 8, S. 146
28 GS 8, S. 153
29 Vgl.: GS 7, S. 174 ff. Das Opening-Lied aus *Die Kleine Freiheit* für das neue Kabarett »Die Kleine Freiheit« in München heißt: »Der Titel des Programms«. Das Kabarett »Die Schaubude« war aus finanziellen Gründen geschlossen worden.
30 GS 7, S. 175
31 GS 7, S. 178
32 GS 7, S. 178
33 GS 7, S. 207 ff
34 GS 7, S. 211
35 GS 8, S. 315 ff
36 GS 8, S. 318
37 GS 8, S. 139
38 GS 7, S. 203
39 GS 8, S. 218
40 GS 7, S. 74
41 GS 7, S. 148
42 GS 7, S. 148

43 GS 7, S. 260
44 GS 7, S. 119
45 GS 7, S. 120
46 GS 7, S. 120
47 GS 8, S. 238
48 GS 1, S. 337
49 GS 1, S. 337
50 GS 8, S. 71
51 GS 7, S. 281
52 GS 7, S. 282
53 GS 8, S. 246
54 GS 8, S. 246
55 GS 8, S. 247
56 GS 8, S. 334

Dramatische Schatten

1 GS 5, S. 187 ff
2 Es handelt sich um den Vortrag *Die Dramaturgie des Dramas oder das Drama der Dramaturgie*, für die Festschrift des Schauspielhauses Zürich, 1958 (Vgl.: GS 8, S. 269 ff)
3 GS 8, S. 271
4 Erich Kästner erinnert sich in seiner Rede *Zur Naturgeschichte des Jugendschriftstellers. Rede zur Verleihung des Hans Christian Andersen-Preises* in Luxemburg, 1960 (Vgl. GS 8, S. 314)
5 GS 5, S. 7 ff. Die Komödie *Die Schule der Diktatoren* erschien 1956 nach einem Plan, der, wie Kästner in der Vorbemerkung sagt, zwanzig Jahre zurückliegt.
6 GS 5, S. 9
7 GS 8, S. 261. Erich Kästner nennt das Büchner-Drama »Woyzeck« anläßlich der Verleihung des Georg Büchner-Preises 1957 irrtümlicherweise »Wozzeck«.
8 GS 8, S. 260
9 GS 8, S. 260
10 GS 8, S. 262

11 GS 5, S. 18
12 GS 5, S. 23
13 GS 5, S. 31
14 GS 5, S. 32
15 GS 5, S. 36
16 GS 5, S. 40/41
17 GS 5, S. 45
18 GS 5, S. 57
19 GS 8, S. 276
20 GS 5, S. 85 ff
21 Kästners Komödie *Zu treuen Händen* wurde am 16. September 1949 in Düsseldorf unter der Regie von Günther Lüders uraufgeführt. Das Stück wurde unter dem Pseudonym Melchior Kurtz veröffentlicht.
22 GS 5, S. 94
23 GS 5, S. 101
24 GS 5, S. 102
25 GS 5, S. 103
26 GS 5, S. 117
27 GS 5, S. 117/118
28 GS 5, S. 119
29 GS 5, S. 130
30 GS 5, S. 136
31 GS 5, S. 150
32 Die beiden Stücke: *Chauvelin oder lang lebe der König!* (Fragment 1940) und die Komödie *Das Haus Erinnerung* (1940).

Lachgesichter und Kindermienen

1 Vgl. Bibliographie, S. XX
2 Erich Kästner, *Emil und die Detektive* (1928)
3 GS 8, S. 312
4 Vgl.: Erich Kästner, *Bei Durchsicht meiner Bücher* (1946)
5 Ab 1948 erschienen im Cecilie Dressler Verlag, Berlin, zahlreiche Bücher Kästners, vor allem Jugendbücher.

 6 GS 8, S. 314
 7 GS 8, S. 216
 8 GS 8, S. 216
 9 GS 4, S. 7ff
10 GS 4, S. 21
11 GS 4, S. 39
12 GS 4, S. 39/40
13 GS 4, S. 61
14 GS 4, S. 61
15 GS 4, S. 66/67
16 GS 4, S. 73
17 GS 4, S. 76/77
18 GS 4, S. 31
19 GS 4, S. 32
20 GS 4, S. 32
21 GS 4, S. 32
22 GS 4, S. 93/94
23 GS 4, S. 94
24 GS 4, S. 97/98
25 GS 7, S. 21, S. 23
26 GS 7, S. 21
27 GS 7, S. 198
28 GS 7, S. 200
29 GS 4, S. 98
30 GS 4, S. 99
31 GS 4, S. 99
32 GS 4, S. 122
33 GS 4, S. 122
34 GS 4, S. 141
35 GS 4, S. 142

Literaturverzeichnis

Ausgewählte Literatur
zum Werk Erich Kästners

AHL, H.: »Urenkel der Aufklärung. Erich Kästner.« In: *Diplomatischer Kurier, Köln, 1959, 8. Jahrgang, S. 134 ff.*

AMERY, JEAN: »Erich Kästner zum Gedenken.« In: *Die Tat,* Zürich, 3. 8. 1974, S. 24

ANDRIESSEN, CARL: »Satire als Zeitraffer.« In: *Weltbühne,* Berlin-Ost, 7/67

ARENS, HANNS: »Erich Kästner − Klassiker unserer Zeit.« In: *Literatur-Revue*, 1961, H. 10, S. 15−16

ARNHEIM, RUDOLF: »Moralische Prosa.« In: *Die Weltbühne,* XXVII, 1931, S. 787

BAB, JULIUS: *Gebrauchslyrik Mehring und Kästner.* »Über den Tag hinaus.« Deutsche Akademie für Sprache und Dichtung, Darmstadt, 21. Veröffentlichung. Verlag Lambert Schneider, Heidelberg, 1960, S. 118−124

BERTHOLD, RENATE: *Die Satire als ästhetische Form in Erich Kästners Roman ›Fabian‹.* Examensarbeit Pädagogische Hochschule, Marburg, 1968, 38 S.

BENJAMIN, W.: »Linke Melancholie.« *Die Gesellschaft*, Berlin, Februar 1931

BENSON, RENATE: *Erich Kästner. Studien zu seinem Werk.* In: Studien zur Germanistik, Anglistik und Komparatistik 18, Bouvier Verlag, Bonn, 1973

BEUTLER, KURT: »Erich Kästner. Eine literaturpädagogische Untersuchung.« Hg. v. Leonhard Froese und Wolfgang Klafki. In: *Marburger Pädagog. Studien*, NF Bd. 1, Verlag Julius Beltz, Weinheim-Berlin, 1967, 336 S.

BEUTLER, KURT: »Erich Kästner als Pädagoge.« In: Welt und Wort 23, 1968, S. 117−118

Beyer, E.: *Die künstlerische Eigenart der Jugendbücher Erich Kästners.* Staatsexamensarbeit, Pädagogisches Institut, Weilburg/Lahn, 1957

Bode, Ingrid: »Erinnerungen an den Autor Erich Kästner.« In: *Die Autobiographien zur deutschen Literatur, Kunst und Musik* 1900–1965, Metzler Verlag, Stuttgart 1966

Bogatyrjow, Konstantin: »Liebeserklärung an Erich Kästner von seinem russischen Übersetzer.« In: *Germano-Slavica*, 1976, Vol. 2, No. 1, S. 43–50

Böse, Georg: »Moralist und Urenkel der Aufklärung.« In: Rheinische Post, Düsseldorf, 30. 7. 1974

Bossmann, Reinaldo: *Erich Kästner, Werk und Sprache.* J. Haupt & Coia, Curitiba/Brasilien, 1955, 132 S.

Breul, Elisabeth Charlotte: »Die Jugendbücher Erich Kästners.« Pädagogisches Institut Darmstadt, Jugenheim a. d. B., 30. 6. 1956, *Studien zur Jugendliteratur*, Aloys Henn Verlag, Ratingen, H. 4, 1958, S. 28–79

Budzinski, Klaus: *Die Muse der scharfen Zunge.* Paul List Verlag, München, 1961, S. 208/11 u. 213/17 usw.

Buhl, Wolfgang: »Weshalb ich nichts auf Erich Kästner kommen lasse.« In: Tribüne 8, 1969, S. 3171–3177

Busch, Ernst: *Erich Kästner.* Deutsche Akademie der Künste zu Berlin und VEB Deutsche Schallplatten, Berlin-Ost, 1970

Dahrendorf, Malte: »Erich Kästner – als Pädagoge betrachtet.« In: *Jugendschriften* – Warte, Frankfurt/M., S. 9–68

Doderer, Klaus: »Erich Kästner und Hans Magnus Enzensberger.« (Zwei Herausforderungen in der Literatur der Gegenwart). Vortrag in der Reihe *Studium Generale* a. d. TH Carolo-Wilhelmina, Braunschweig, 26. 1. 1966

Doderer, Klaus: *Erich Kästners »Emil und die Detektive«* – *Gesellschaftskritik in einem Kinderroman.* Festschrift für Horst Kunze, Akademie Verlag, Berlin-Ost, 1969, S. 477–486

Doderer, Klaus: *Solidarität oder Untertanengeist.* Klassische Kinder- und Jugendbücher, Verlag Julius Beltz, Weinheim, 1969

DRUST, HEIDE: *Literarische und stilistische Interpretationen zum Kinderbuchschaffen Erich Kästners.* Staatsexamensarbeit Humboldt-Universität, Berlin-Ost, Juni 1971

EDSCHMID, KASIMIR: »Rede auf den Preisträger« (Georg-Büchner-Preis). In: *Jahrbuch der Deutschen Akademie für Sprache und Dichtung,* Darmstadt, 1958, S. 77—82

EICHHOLZ, ARMIN: »Zur Verleihung des Literaturpreises der Stadt München 1955.« In: *Münchner Merkur,* München, 17./18. 3. 1956

ENDERLE, LUISELOTTE: *Kästner.* Eine Bildbiographie. Kindler Verlag, München, 1960

ENDERLE, LUISELOTTE: *Erich Kästner.* Bildmonographie rororo, Nr. 120, Rowohlt, Reinbek, 1966

ENDLER, ADOLF: »Provokatorische Notizen über einen Gebrauchslyriker.« In: *Neue Deutsche Literatur,* Berlin-Ost, Nr. 9/1963, S. 96—108

EXNER, RICHARD: »Er sagte, er sei ein Moralist.« In: *Die Zeit,* Hamburg, 1966, Nr. 30

FALLADA, HANS: »Auskunft über den Mann Kästner.« In: *Die Literatur,* XXXIV, 1931—1932, S. 367—371

GALLASCH, WALTER: »Hat Erich Kästner resigniert?« In: *Die Andere Zeitung,* Hamburg, Nr. 34, 29. 12. 1955

GEHRE, JOACHIM: *Das fliegende Klassenzimmer.* Versuch einer Interpretation. 57 S., (Im Manuskript)

GRENZ, DAGMAR: »Erich Kästners Kinderbücher in ihrem Verhältnis zu seiner Literatur für Erwachsene. In: *Literatur für Kinder,* Göttingen, 1977, S. 155—169

GRIEBEL, BENNO: *Gekachelte Träume.* Kösel-Verlag, München, 1963

GUTTER, AGNES: *Erich Kästner und das Religiöse.* In: *Solothurner Anzeiger,* Solothurn/Schweiz, 17. 4. 1956

HARICH, WOLFGANG: »Erich Kästner wird Fünfzig.« In: *Die Weltbühne* IV/1949, S. 297

HEPP, FRED: »Zur Verleihung des Literaturpreises der Stadt München 1955.« In: *Süddeutsche Zeitung,* München, 17./18. 3. 1956

HORST, KARL AUGUST: »Erich Kästner ›Naivität und Vernunft‹.« In: *Merkur*, H. 12, Nr. 142, Deutsche Verlagsanstalt Stuttgart, Dez. 1959, S. 1175–1187

KAISER, JOACHIM: »Abschied von Erich Kästner.« In: Süddeutsche Zeitung, München, 30. 7. 1974

KESTEN, HERMANN: *Abrechnung mit der Moral*. Tagebuch. Berlin, 1931

KESTEN, HERMANN: *Meine Freunde, die Poeten*. Donau Verlag, Wien-München, 1953, S. 217–228

KESTEN, HERMANN: »Wir, die Erben der Toten.« In: *Süddeutsche Zeitung*, München, 2. 8. 1974

KESTEN, HERMANN: »Gedenkwort für Erich Kästner. Gesprochen am Grabe.« In: *Jahrbuch Deutsche Akademie für Sprache und Dichtung*, Darmstadt, 1974, S. 128–132. Auch in Jahresring, 1975/76, S. 191–194

KESTEN, HERMANN: »Erich Kästner – ein Sohn des Volkes.« In: *Basler Nachrichten*, 5. 7. 1975

KLIM, GEORGE: *Erich Kästner als Moralist*. The degree of Bachelor of Arts, New Castle University College, Australia, 1964, 94 S.

KLOTZ, VOLKER: »Lyrische Anti-Genrebilder.« In: *Historizität in Sprach- und Literaturwissenschaft*, München, 1974, S. 479–495

KÖTTER, HEIDEMARIE: *Zur Darstellung des Kindes in Kästners Jugendbüchern*. Pädagog. Hochschule Ruhr, Abt. Dortmund, 1966 (Ms. 95 S.)

KRANZ, GISBERT: *Erich Kästner: Ganz vergebliches Gelächter*. 27 Gedichte interpretiert, Verlag C. C. Buchners, Bamberg, 1972, S. 50–53

KRÜSS, JAMES: »Ein Schulmeister und Aufklärer.« In: *Litterair Paspoort*, Amsterdam, Okt. 1950, S. 182 ff.

LEDIG, EVA-MARIA: »Hans-Christian-Andersen-Medaille 1960.« In: Jugend-Literatur, H. 9. München, 1960, S. 422 f.

LENNARTZ, FRANZ: »Erich Kästner.« In: *Deutsche Dichter und Schriftsteller unserer Zeit*, 9. erw. Aufl., Stuttgart, 1963, S. 340–344

LEPMAN, JELLA: *Rede zur Verleihung des Hans-Christian-Andersen-Preises 1960 an Erich Kästner*. Internationales Kuratorium für das Jugendbuch, Luxemburg, 1960

MAYER, HANS: »Beim Wiederlesen des ›Fabian‹ von Erich Kästner.« In: Deutsche Literatur und Weltliteratur, 1957, S. 661–664
MICHELSEN, PETER: »Die Trauer der Utopisten. Zur Gebrauchslyrik Erich Kästners.« In: *Deutsche Universitätszeitung*, Göttingen, Jg. 7, Nr. 12, 1952, S. 12–14
MORHOF, ALBERT: »Erich Kästners ironisches Weltbild.« In: *Freude an Büchern*, Heft 2, 1952, S. 33 f.

POHLMANN, GISELA: »Erich Kästner, Fabian und wir.« In: *Auditorium*, Jg. 1, Nr. 7/8, Münster, 1947, S. 20–26
PROSS, HARRY: »Die Therapie zu weit treiben: Erich Kästner.« In: *Söhne der Kassandra*, Urban Taschenbuch, Verlag Kohlhammer, Stuttgart, 1971, S. 109–120
PUTKAMMER, JOACHIM: »Erich Kästner und die Christen.« In: *Die Zeichen der Zeit*, Evangelische Verlagsanstalt, Berlin-Ost, November 1972

REICH-RANICKI, MARCEL: »Der große Dichter der kleinen Freiheit.« In: *Frankfurter Allgemeine Zeitung*, 30. 7. 1974
RODRIAN, FRED: »Notizen zu Erich Kästners Kinderbüchern.« In: Neue Deutsche Literatur, Berlin-Ost, H. 9, 1960, S. 117–129
ROSS, WERNER: »Der Mensch lebt nicht von Hölderlin allein.« In: Westdeutsche Rundschau, Wuppertal, 5. 6. 1965
RÜHMKORF, PETER: »Rationalist und Romantiker.« In: *Süddeutsche Zeitung*, München, 3./4. 3. 1979

SCHÖNFELDT, SYBIL GRÄFIN: »Nicht mehr und noch nicht.« In: *Die Zeit*, Hamburg, 1961, Nr. 26, S. 12
SCHWARZ, EGON: »Die strampelnde Seele: Erich Kästner in seiner Zeit.« In: *Die sog. zwanziger Jahre*, Bad Homburg, 1970, S. 109–141
SCHWARZ, EGON: »Fabians Schneckengang im Kreise.« In:

Zeitkritische Romane des 20. Jahrhunderts, Stuttgart, 1975, S. 124—145

SCHWEICKERT, ALEXANDER: »Notizen zu den Einflüssen Heinrich Heines auf die Lyrik von Kerr, Klabund, Tucholsky und Erich Kästner.« In: *Heine-Jahrbuch* 8, 1969, S. 69—107

SEDELNIK: »Erich Kästner, Satiriker und Erzieher.« In: *Zeitschrift Jugendliteratur*, Moskau, 1978, Heft 5

SEIDEL, GERHARD: »Links vom Möglichen. Zur Lyrik Erich Kästners.« In: *Sinn und Form*, Berlin-Ost, 3. H., Mai 1968, S. 767—773

SEIDLER, MANFRED: »Erich Kästner.« In: Moderne Lyrik im Deutschunterricht. Hirschgraben-Verlag, Frankfurt/M., 1963, S. 86 f.

SKREB, ZDENKO: »Lirika Ericha Kastnera j njenti povijesni« (E. K.s Lyrik und ihre geschichtlichen Grundlagen). In: *Studien der Philosophischen Fakultät*, Zagreb, 1951, S. 761—804

SÜSKIND, W. E.: »Erich Kästner erhält den Georg-Büchner-Preis.« In: *Süddeutsche Zeitung*, München, 21. 10. 1957

WAGENER, HANS: »Erich Kästner.« In: *Köpfe des 20. Jahrhunderts*, Bd. 71, Colloquium-Verlag, Berlin, 1973

WALTER, DIRK: »Zeitkritik und Idyllensehnsucht. Erich Kästners Frühwerk 1928—1933 als Beispiel linksbürgerlicher Literatur in der Weimarer Republik.« In: *Beiträge zur Literatur- und Sprachwissenschaft*, Bd. 5, Carl Winter Verlag, Heidelberg, 1977

WEBER, ALBRECHT: »Lehrer und Schule im Werk Erich Kästners.« In: *Westermanns Pädagogische Beiträge*, März 1968, S. 97—106

WEIGEL, HANS: »Klassiker der neuen Sachlichkeit.« In: *Die Furche*, Nr. 32, 10. 8. 1974

WINKELMAN, JOHN: *Social criticism in the early works of Erich Kästner*. Dissertation an der Universität Michigan, 1951, 282 S.

WINKELMAN, JOHN: »The poetic style of Erich Kästner. University Works of Erich Kästner.« In: *The German Quaterly*, Volume XXCII, Jan. 1954, Nr. 1

Werkregister*

* Die Titel entsprechen denen der Gesamtausgabe »Gesammelte Schriften für Erwachsene«, nach der (vgl. Anmerkungen, S. 249 ff.) auch zitiert wird.

Bildnachweis

Bildteil 3
»Stücke und Filme«
(zwischen Seite 167 und 179):

Seite 1: Theatermuseum des Instituts für Theaterwissen-
schaft der Universität Köln. Seite 2: Dagmar Nick, München. Seite 3: Felicitas Timpe, München. Seite 4: Felicitas
Timpe, München. Seite 5 oben: Ullstein Bilderdienst, Berlin. Seite 5 Mitte und unten: Deutsches Institut für Filmkunde, Wiesbaden-Biebrich. Seite 6: Deutsches Institut für
Filmkunde, Wiesbaden-Biebrich. Seite 7/8: Ullstein Bilderdienst, Berlin. Seite 9 oben: Deutsche Fotothek, Dresden/
Eschen. Seite 9 unten: Deutsches Institut für Filmkunde,
Wiesbaden-Biebrich. Seite 10 oben: Bilderdienst Süddeutscher Verlag, München. Seite 10 unten: Bildarchiv Preußi-
scher Kulturbesitz, Berlin. Seite 11 oben: Süddeutscher
Verlag, München. Seite 11 unten: Deutsches Institut für
Filmkunde, Wiesbaden-Biebrich. Seite 12 oben: Süddeut-
scher Verlag, München/Marlies Schnetzer. Seite 12 unten:
Deutsches Institut für Filmkunde.

Bildteil 4
»München 1945–1974«
(zwischen Seite 193 und 225):

Seite 1: Bilderdienst Süddeutscher Verlag, München. Seite
2: Archiv Kindler Verlag, München. Seite 3: Deutsche Fotothek, Dresden/Eschen. Seite 4: Münchner Stadtmuseum.
Seite 5: Bilderdienst Süddeutscher Verlag, München. Seite 6: Hanns Hubmann, Kröning. Seite 7: Dagmar Nick,
München (Noten); Bilderdienst Süddeutscher Verlag, München (Foto). Seite 8: Hanns Hubmann, Kröning. Seite 9:
Sabine Toepffer, München. Seite 10: Felicitas Timpe, München. Seite 11 oben: Hanns Hubmann, Kröning. Seite 11
unten: Dagmar Nick, München (Faksimile). Seite 12 oben:
Sabine Toepffer, München. Seite 12 unten: Bilderdienst
Süddeutscher Verlag, München/Betz. Seite 13 oben: Archiv

Kindler Verlag, München. Seite 13 Mitte: Bildarchiv Preu-
ßischer Kulturbesitz, Berlin/Willi Saeger. Seite 13 unten:
Bilderdienst Süddeutscher Verlag, München. Seite 14 oben
und Mitte: Bilderdienst Süddeutscher Verlag, München.
Seite 14 unten: Ullstein Bilderdienst, Berlin/dpa. Seite 15
oben: Felicitas Timpe, München. Seite 15 unten: Ullstein
Bilderdienst, Berlin/Popper. Seite 16 oben: P.E.N. Zentrum Bundesrepublik Deutschland, Darmstadt/Foto-
Brandts, Hamburg-Altona. Seite 16 unten: Bilderdienst
Süddeutscher Verlag, München. Seite 17: Ullstein Bilderdienst, Berlin. Seite 18: Ullstein Bilderdienst, Berlin. Sei-
te 19: Friedel Siebert, Zürich. Seite 20 oben: Felicitas Timpe, München. Seite 20 Mitte: Archiv Kindler Verlag, München. Seite 20 unten: Münchner Stadtmuseum. Seite 21/22:
Friedel Siebert, Zürich/Foto Herta Arbert, Düsseldorf. Seite 23: Bilderdienst Süddeutscher Verlag, München. Seite 24: Bilderdienst Süddeutscher Verlag, München. Seite 25: Archiv Kindler Verlag, München. Seite 26: Dagny
Gulbransson, Tegernsee. Seite 27: Felicitas Timpe, München. Seite 28: Bilderdienst Süddeutscher Verlag, Mün-
chen/Günther Wirth. Seite 29: Stefan Moses, München. Seite 30: Stefan Moses, München. Seite 31: Bilderdienst Süddeutscher Verlag, München/Franz Hug. Seite 32: Bilderdienst Süddeutscher Verlag, München/Marlies Schnetzer.

Kindlers literarische Portraits

Hans Scholz
Theodor Fontane
340 Seiten mit einem Bildteil von 110 Seiten.

Diese feuilletonistisch-essayistische Studie mit ihrer
umfassenden Bilddokumentation bietet eine
Zusammenschau der menschlichen, künstlerischen und
politischen Kontinuität in Fontanes Entwicklung und ist
ein Stück persönliche Rezeptionsgeschichte.

Adolf Muschg
Gottfried Keller
412 Seiten mit einem Bildteil von 140 Seiten.

»Der Biograph ist selber Figur seiner Biographie
geworden und zieht uns alle, weil wir alle sterblich sind,
von der Kanzel seines säkularisierten Münsters in seine
Arbeits- und Bekenntnisprozesse hinein. Das bildet
Wirbel, Mäander, Untiefen, und ich lege dieses Buch,
fast erschöpft von so viel Zustimmung, Abwehr,
Rührung und Widerspruch aus der Hand. So gelesen
hab' ich schon lange nicht.«
Peter Demetz in Frankfurter Allgemeine Zeitung

Eva Hesse
Ezra Pound
420 Seiten mit einem Bildteil von 80 Seiten.

Sinn und Wahnsinn, analytische und dialektische
Formen von Erfahrung, Unvernunft im Zeitalter der
technischen Rationalität – zwischen diesen Polen
siedelt Eva Hesse die »Cantos« von Ezra Pound an,
ein Lebenswerk, das, wenn auch politisch lange für
reaktionär gehalten, der studentischen Jugend Amerikas
in ihrem Kampf gegen den Vietnamkrieg doch die
nachhaltigsten Impulse gab.

verlegt bei Kindler

Taschenbücher von Erich Kästner

Gesammelte Schriften für Erwachsene

Schriftstellerisches Schaffen aus vier Jahrzehnten. Kästners Schriften sind nicht nur noch, sondern schon wieder, von großer Aktualität. 8 Bände in Kassette.
[200] 2608 Seiten.
DM 78,–

Lärm im Spiegel

Gedichte, hinter deren treffsicherem Humor sich das zeitkritische, pädagogische und humanitäre Engagement eines echten Moralisten verbirgt. Mit Zeichnungen von Rudolf Grossmann.
[638] DM 5,80

Herz auf Taille

Dieser Gedichtband – Erich Kästners erstes Buch – erschien im Jahre 1928 und war lange Jahre eine antiquarische Rarität. Mit Zeichnungen von Erich Ohser.
[661] DM 5,80

Gesang zwischen den Stühlen

Der Gedichtband erschien bereits 1932 und war jahrzehntelang eine antiquarische Rarität. Mit Zeichnungen von Erich Ohser.
[677] DM 5,80

Ein Mann gibt Auskunft

Diese Gedichtsammlung ist auch heute noch, fünf Jahrzehnte nach ihrer Entstehung, eine herausfordernde Überraschung. Mit Zeichnungen von Erich Ohser.
[696] DM 5,80

953: Umzug in München. Kästner zieht in ein Haus am Herzogpark

956: Verleihung des Literaturpreises der Stadt München

957: Verleihung des Georg-Büchner-Preises in Darmstadt. 15. Dezember: Geburt des Sohnes Thomas. Silvester: Tod des Vaters Emil Kästner

958: Rede auf dem PEN-Kongreß in Hamburg (anläßlich des 25. Jahrestages der Bücherverbrennung)

959: Großes Bundesverdienstkreuz

960: Verleihung der Hans-Christian-Andersen-Medaille des Internationalen Kuratoriums für das Jugendbuch in Luxemburg

961: Vorlesungen in Wien. In der Münchner Universitätsklinik wird – nach einem schweren Ischiasanfall – Tbc festgestellt

962: Januar: Sanatoriumsaufenthalt (bis Mai 1963) in Agra, Tessin. Kästner wird PEN-Ehrenpräsident

964: Januar bis August wieder in Agra. Im Herbst Eröffnung der Kästner-Ausstellung des Goethe-Instituts in der Internationalen Jugendbibliothek München

965: Lesungen in Frankfurt, Düsseldorf und Stockholm

966: Lesungen in Kopenhagen und London, Nürnberg, Wien und Darmstadt. Erster Preis (»Goldener Igel«) im internationalen Humoristenwettbewerb der bulgarischen Jugendzeitschrift »Narodna Mladesch«

967: Lesungen in Dresden, München, Den Haag und Amsterdam

968: Literaturpreis deutscher Freimaurer in Kassel; Kästner erhält den Lessing-Ring

969: Kästner wird Ehrenmitglied der Wilhelm-Busch-Gesellschaft in Hannover

970: Verleihung des kulturellen Ehrenpreises der Stadt München

974: Verleihung der goldenen Ehrenmünze der Stadt München. Am 29. Juli stirbt Erich Kästner, am 5. August wird er auf dem St.-Georgs-Friedhof in München-Bogenhausen begraben

1975: Am 9. Juni Gründung der Erich-Kästner-Gesellschaft

1979: Peter Rümkorf erhält erstmals den Literaturpreis der Erich-Kästner-Gesellschaft

42: »Münchhausen« (Drehbuch zum Film Regie: Josef v. Baky). »Der kleine Grenzverkehr« (Drehbuch zum Film; Regie: Hans Deppe). »Das doppelte Lottchen« (Film-Treatment)

43: »Zu treuen Händen« (Komödie unter dem Pseudonym Melchior Kurtz; Urauff. 1949 Düsseldorf. Regie: Günther Lüders)

46: »Bei Durchsicht meiner Bücher« (Gedichtauswahl)

48: »Der tägliche Kram« (Chansons und Prosa 1945–1948). »Kurz und bündig« (Epigramme)

49: »Die Konferenz der Tiere« (Bilderbuch). »Das doppelte Lottchen« (Kinderroman)

50: »Der gestiefelte Kater« (Kinderbuch). »Das doppelte Lottchen« (Drehbuch; Regie: Josef v. Baky)

51: »Münchhausen« (Kinderbuch)

52: »Die kleine Freiheit« (Chansons und Prosa 1949–1952). »Old Possums Katzenbuch von T. S. Eliot« (Nachdichtung von Erich Kästner, Rudolf Alexander Schröder und Peter Suhrkamp). »Peter Pan« (Übers. des engl. Theaterstücks, Urauff. in München 1952; Regie: Bruno Hübner)

54: »Die Schildbürger« (Kinderbuch). »Das fliegende Klassenzimmer« (Drehbuch; Regie: Kurt Hoffmann)

56: »Don Quichotte« (Kinderbuch). »Die Schule der Diktatoren« (Komödie)

57: »Als ich ein kleiner Junge war« (Kindheitserinnerungen)

59: »Gesammelte Schriften« (Gesamtausgabe in 7 Bänden, Atrium Verlag, Zürich; Cecilie Dressler Verlag, Berlin, und Kiepenheuer & Witsch, Köln)

61: »Notabene 45« (Tagebuch). »Gullivers Reisen« (Nacherzählung für Kinder)

62: »Das Schwein beim Friseur« (Kinderbuch). »Wieso – Warum?« (Gedichte)

63: »Der kleine Mann« (Kinderbuch). »Let's face it« (Gedichtauswahl in engl. Übers.)

66: »Warnung vor Selbstschüssen« (Gedichte)

67: »Der kleine Mann und die kleine Miß« (Kinderbuch)

69: »Gesammelte Schriften für Erwachsene« (8 Bände, Droemer Knaur, München)